危機の神学

「無関心というパンデミック」を超えて

若松英輔　山本芳久

文春新書

1343

はじめに

山本芳久

本書のタイトルに含まれている「無関心というパンデミック」という言葉は、現代世界についての踏み込んだ発言を続けている教皇フランシスコに由来しています。コロナ禍が露わにしたのは、コロナ前から存在していた「無関心というパンデミック」、自分の生活さえ安泰であればよいという他者に対する無関心の世界的な蔓延であり、コロナ禍は、そのような無関心という病から人々を解放するための画期ともなりうると教皇フランシスコは考えているのです。教皇は、コロナ禍について次のように述べています。

> 新型コロナウイルス感染症（COVID-19）のパンデミックのような世界的な悲劇が、同じ船で航海する世界共同体としての意識を一時的に目覚めさせてくれたことは確かです。（中略）一人で救われるのではなく、ともに救われる道しかないことをわたしたちは思い出しました。（『回勅　兄弟の皆さん』西村桃子訳、カトリック中央協議会）

コロナ禍は、たしかに、大変な災難であり悲劇でしたが（それはまだ終わっていません）、同時に、コロナ禍が存在したからこそ生まれてきた何か積極的なものもあるのではないでしょうか。コロナ禍があったからこそ気づいたこと、対面で会うことが困難になったからこそ気づいた人と人とのつながりの大切さ、対面とは違う仕方での交流の可能性、危機の只中《ただなか》だからこそ生まれてくる新たな共同体意識、そして一人になって孤独を深めつつ自らを捉え直すことのかけがえのない大切さ。教皇のこの一節は、このようなことに気づかせてくれます。

　そうした積極的なものが、コロナ禍の終息とともに忘れられ、失われてしまうとしたら、あまりにももったいないのではないか。そこには、私たち一人ひとりがそれぞれなりの仕方で保ち育んでいくべきものが含まれているのではないか。そのことに着目することが、一人ひとりの、ひいては世界全体のよき未来にとって不可欠ではないだろうか。今回の書物をまとめた背景にあったのは、このような思いでした。

　二年間に及びつつある危機の真っ只中で生き抜く力を与えてくれたのは、私にとっては、「読む」という営みでした。これまで何度も読んだことのある書物に関しても、危機に直面している今だからこそ浮かび上がってくる数多くの洞察が含まれていることに気づきました。そうした書物について若松英輔さんと対話を積み重ねた成果が『危機の神学』です。

対談のための準備を始めてみると、私がこれまでに触れたことのある何百何千という書物――とりわけ「神学」の書物――の群れのなかから、「危機」に関わるテクストが文字通り芋づる式に呼び出されてくるという不思議な体験をしました。

「神学」とは、キリスト教的な観点から、「神」について、そして「神」によって創造されたこの世界全体について考察する学問のことです。キリスト教徒が少ない我が国においては、神学に触れたことのある人はほとんどいないでしょう。キリスト教神学の専門家の一人として、私はそのことをとても残念に思っています。神学の書物のなかには、キリスト教の信仰を持たない人にとっても有益な多くの洞察が含まれているからです。

多くの人に忘れ去られた神学の書物、いや、そもそも関心を持たれたことすらなかったかもしれない神学者のテクスト、それらを「無関心」のなかから救い出すことを通じて、コロナ禍と、コロナ禍が露わにしたそれ以前からの「危機」に苦しむ日本社会に一条の光をもたらすことができればというのが若松さんと私の願いです。二千年に及ぶ神学者たちが残したテクストのなかには、現代の世界を照らし出すことのできるそのような力が埋もれていると私は確信しています。

危機の神学　「無関心というパンデミック」を超えて

目次

第一章　常に直面するものとしての危機

コロナの危機のなかで

若松　今回のコロナ禍は、危機が、つねに私たちの傍らにあることを教えてくれる契機になりました。むしろ危機に直面して実感したのは、今まで隠蔽《いんぺい》されてきたものがいかに数多く、多様であるかということでした。人々は、危機として認識される出来事に遭遇する以前から、ある過酷な場所にいたといってよい。そのことがはっきりと分かったというのが現実ではないでしょうか。

今回は「危機の神学」というタイトルで対話を深めていきたいと思っています。山本さんと私はともにカトリックですが、ここでいう「神学」は、カトリックに限定されません。プロテスタント、無教会の神学にもふれると思いますし、また、神学と対峙した哲学、あるいは文学に関しても論議を深めたいと思います。

全体としては、そうした展望のなかで行いたいと感じていますが、そのいっぽうで、今回の世界的、あるいは人類的な危機において、カトリシズムがある重要な働きをした。そのなかでも象徴的なのは教皇フランシスコ[1]です。教皇はコロナ禍のなか、ミサなどにおいて極限まで日常を保つようにしていた姿がとても印象的でした。

コロナ禍で、ミサもリモートで行われることになったのですが、そのおかげで私たちもヴァチカンで行われた教皇によるミサをそのまま経験することができました。かつては閉鎖的であることに批判が集まったカトリック教会が危機においては広く扉を開いた。

最初はリモートのミサというものにとても懐疑的だったのですが、じっさいに与《あずか》ってみると、予想とはまったくことなる出来事がそこにあった。ある実在感が経験されたのです。それは教皇によるミサだから、というのではありません。日本で行われたものに与っても同様でした。二〇二〇年のクリスマス、私はリモートでヴァチカンのミサに与った。ヴァチカン以外に暮らす人で同様のことをした人は少なくなかったと思います。私たちはウイルスによって対面を遮断された。しかし、そのことによって「つながり」を深めたともいえる。

教皇の姿を見て、私が考えを深めたのは「祈り」とは何かという問題でした。別な言い方をすれば、今回の危機において、私たちは祈るほかないという状況に幾度も直面したわけです。そして、改めて神学に向き合いたいと思ったのは、「祈り」という主題は、神学でなければ十分に受け止めることができないと思ったからでした。

祈りを哲学的に考察することも可能です。しかし、祈りの先にある存在を考えたとき、神的存在をどこか概念化してしまった現代哲学だけではある欠落があるように思えたのです。

のちに改めてふれますが、二〇一九年に教皇が来日した際、可能な限り彼の話を現場で聞いたのですが、終わってみると、もっとも印象的だったのは、彼の発言もさることながら、祈る姿でした。そこにはある意味で「沈黙の神学」が体現されていたのです。私としては、言葉による神学だけでなく、沈黙、あるいは行為によって示される神学の可能性も考えてみたいと思っています。

「無関心のパンデミック」

山本　教皇フランシスコに若松さんも非常に注目されていますね。
そこでまず紹介したいのは、教皇フランシスコの『パンデミック後の選択』（カトリック中央協議会事務局訳、カトリック中央協議会）です。これはコロナの問題が起こって、その後、二〇二〇年の復活祭の頃に語られた教皇のさまざまな場所での説教、演説をまとめたものです。体系的な本ではないんですが、やはりコロナとキリスト教神学との関係を考えるときに、大きな手掛かりとなると思います。この演説集のキーワードの一つが、「無関心のパンデミック」という言葉です。

たとえば、「今は、無関心でいる時ではありません。世界中が苦しんでいて、パンデミックに立ち向かうために結束しなければならないからです」。あるいは「より悪質なウイルス、無関心なエゴイズムというウイルスに侵されるかもしれない危険です。自分にとってよければ生活が改善しているという考え、自分にとってよければすべてよしという考えによって拡散されるウイルスです」。さらに、「今回のパンデミックが思い出させてくれるのは、苦しむ人の間には、違いも隔たりもないということです。わたしたちは皆弱く、どこも変わることなく、だれもが大切な存在です。起きているこの出来事が、わたしたちを内奥から揺り動かすものとなるよう期待します」とも言っています。

今回のコロナの問題は、もともとあった「無関心なエゴイズム」という「より悪質なウイルス」を顕在化させる決定的な機会にもなっており、だからこそ、正面からそれらに立ち向かい、よりよいあり方を築き直していくための決定的な機会として活用していけるのではないかというわけですね。自分さえ無事であればよいという発想がますます強まってしまう危険性のあるコロナ禍の状況は、同時にまた、運命共同体としての様々な他者との連帯を強めるためのかけがえのない機会ともなると言っているわけです。

ここで私が面白いと思ったのは、「起きているこの出来事が、わたしたちを内奥から揺り動かすものとなるよう期待します」という教皇の発言です。誰の責任でこのような出来事が起きてしまったのかと他者の責任を追及したり、「神罰だ」というような仕方でいわゆる「宗教的」な解釈を独断的に下したりするのではなく、あくまでも起きてしまったこの出来事を冷静に踏まえたうえで、これをどういう機会として活用していくことができるだろうかと未来に向けて発想している。キリスト教徒でない人でもこの発言に心動かされる人がいると思うんです。

キリスト教徒でなければ理解できないとか、キリスト教徒のなかでも何派でなければ、または学者でなければ納得できないなどという閉ざされたものではなくて、非常に生き生きとした力ある言葉がここでは語られているわけです。

「より悪質なウイルス」「無関心なエゴイズムというウイルス」なんて簡潔だけれども、現状を深くとらえ直す力を持った言葉ですよね。キリスト教本流の発想を、よい意味で単純な仕方で、そして我々の日々の実践と直結する骨太な仕方で打ち出す人物が今この危機の時代に教皇であることは、とても面白いことだと思います。

若松　この教皇フランシスコの言葉は非常に示唆的ですね。同じ本のなかで教皇は、『新約聖書』の「マルコによる福音書」にふれながら、人類とは、つまり同じ舟に乗る者たちだという話もしています。

　皆でともに舟を漕《こ》ぐよう求められていて、だれもが互いに慰め合わなければならないのだと。この舟の上に……わたしたち皆がいます。不安の中で声をそろえて「おぼれて」（マルコ4・38）しまうと叫ぶあの弟子たちのように、わたしたちも自力では進むことはできず、ともに力を出すことで初めて前進できるのだと知ったのです。（『パンデミック後の選択』）

　自分だけがいち早く危機を乗り越えたい、それは私たちを訪れる警戒するべき誘惑だというのです。「私」はどうするべきか、というよりも「私たち」はどう生き抜けるのかを考えなくてはならない、というのです。

　教皇にとって「ウイルス」は目に見えない脅威、さらにいえば不可視な罠でもある。こうした「ウイルス」に冒されることで無意識的に利己主義の根を自分の内心に張り巡らせるようになるともいえる。それはまるでサン＝テグジュペリ[2]の『星の王子さま』のバオバブの木のように、です。そうした霊性の落し穴にどう対処できるのか。この問題は、これからも幾度も立ち返ることになると思います。

祈りの再発見

若松　コロナの最中にあらためて出会った神学者の一人に、ロマーノ・グァルディーニ[3]（一八八五―一九六八）という神学者がいます。教皇フランシスコの時代になって、公的文書にも引用されるようになり、復権しつつある司祭であり神学者です。この人物が『神学研究からの祈り』という小さな本で、とても大事なことを語っています。神学は祈りと共にあり、祈りに至らなくてはならない、というのです。

　危機に直面して、改めて彼が書いたミサ[4]の本などを読み始めました。それまでは私にとってのグァルディーニはドストエフスキーやソクラテス[5]を論じた、とても批評精神が豊かな神学者だったのですが、今は印象が変わっています。彼の祈りとミサなどの典礼をめぐる言葉に今の危機を照らす光を見出そうとしています。先に沈黙にふれましたが、彼はミサとは、つまり聖なる沈黙を生む行為だというのです。また、祈りをめぐる本でグァルディーニは、祈りなき神学は貧しいと書いています。神学は祈りという土壌に育った叡知の森だというのです。彼は祈りと神学をめぐって次のように述べています。

> この本に集められている祈りは、もともと、総括的に神学の問題が討論されたときに、各講義の終りに教会の中で唱えられたものなのです。
>
> これらの祈りは、講義の結論と特に結びつきをもつものとして作られたものではありません。聴講者と講師はこれらの祈りを使って、講義の諸考察から神に対する祈りへと動かされてできたものです。(『神学研究からの祈り』平沢忠雄訳、中央出版社)

グァルディーニは、神学は単に神とは、あるいは神と共に在る世界とは何かをめぐって議論を深めるのではなく、神に対する祈り、つまり、神と共にあるというところまで行かなくてはならないという。コロナ危機の中で重要だと思っているのは、こうした祈りなんです。神学の原点としての祈りであり、神学の帰結としての祈りです。

人間には、できることはやり、祈るほかないというような状態があります。また、祈りから始めなくてはならない、という状況もあると思うのです。さらにいえば、神を意識しなくても、思わず祈っているということが人間にはある。日ごろは無宗教だといっている人も、祈ることはあると思うのです。

個人的にも、コロナ危機におけるもっとも大きな変化は祈りが生活の中心になったということなのです。それまでも生活のなかに祈りの時間はあった。しかし、今は祈りのなかに生活があるように感じています。そんな生活の変化の中で、祈りを基点にしながら私なりに神学というものをもう一度とらえ直してみたいと感じています。同じ本でグァルディーニは次のようにも書いています。

> 人間の場合、人間と異なるものと結びついてだけ、完全なものとなるのです。人間は自分自身を他人に与えるときだけ、自分自身の存在を獲得するのです。（同前）

祈りとは、神とつながるだけでなく、自己とつながり、自分自身を全きものとする営みである。そして、そうした存在のみが、他者に何かをはたらきかけることができる可能性を有する、そうグァルディーニは感じている。ここで述べられているのは、さきほど山本さんが語った「無関心」の対極にあるものです。

前教皇のベネディクト十六世[6]は、グァルディーニと深い親交があった人物でもありますが、彼の回勅（教皇からキリスト教徒に発せられる公文書）『神は愛（デウス・カリタス・エスト）』にとても印象的な言葉があります。

> 人は、自ら人と窮乏や苦しみを深く分かち合うことを通して、自分自身を人々に分かち与えるようになります。わたしは、何かを与えることで人をおとしめることのないように、自分のもっているものを与えるだけでなく、自分自身を与えなければなりません。わたしが与えるものの中に、わたしという人がいるようにしなければなりません。（『回勅　神は愛』カトリック中央協議会司教協議会秘書室研究企画訳、カトリック中央協議会）

自分の手に溢れているものを与えるのではなく、その人自身を他者に与えなくてはならない、という。ここで述べられているのは、いわゆる倫理的な事柄ではありません。自らが愛のはたらきの場になるとき、私たちもまた私たち自身になる、という自己完成の道程も含意されているのだと思います。

少なくとも私の場合、今回の危機の経験は、祈りの発見とよぶべき出来事をもたらしてくれました。

常に直面するものとして

山本　これから「危機の神学」という観点から対話を進めていくにあたって、まず最初に「危機」という言葉の意味を確認しておきましょう。『英語語義語源辞典』（三省堂）でcrisisの詳しい意味を見ると、「もともと回復するか死に至るかを決定する病状の重大な変化、病気の峠を指し、転じて重大局面、特に政治・経済上の危機、難局、人生の危機、別れ目」とあります。crisisはギリシア語の動詞krinein《クリネイン》（分ける、分離する）が語源で、さらに発展して「善悪を分ける」と考えると、「判断する」という意味にもなる。決定的な転機、これから取る道を決定すべき分かれ目がもともとの意味なのです。

『キリスト教神学用語辞典』（日本キリスト教団出版局）でも、危機は「将来の行動の前兆となる重要な時点。神学においては、イエス・キリストとキリスト教の福音にかかわる決断が、将来の人生を方向付け、それゆえに最重要の危機と見なされる」と書いてある。後半部分は人によって受け止め方が違うと思いますが、判断を下すべき決定的な転機という意味は共通していますね。

今日私が言おうと思っているのは、危機とは稀な事態ではなく、人は常にある意味危機に直面しているということです。

若松　語源にさかのぼると、今回、コロナ危機においても、何か新しいことが起こったわけではなく、隠されていたことが露わになったことが改めて確認できますね。言葉は、人類的精神史のアーカイヴ（貯蔵庫）そのものであると、改めて思います。そこには事実だけでなく、私たちの心的経験、霊性の経験までもがイマージュのかたちで記録されていますね。

山本　コロナ禍が起こる前の二〇一七年に教皇フランシスコが「危機」について語ったEU首脳たちへの演説を見てみましょう。教皇は、いま世界全体が様々な危機にあると言ったうえで、「しかしながら、『危機』という言葉それ自体は、否定的な意味合いをもっているわけではありません。（中略）現在の困難を読み解き、未来のための答えを見いだすための鍵となるのはなんでしょうか？」（教皇フランシスコ、ドミニック・ヴォルトン『橋をつくるために　現代世界の諸問題をめぐる対話』戸口民也訳、新教出版社）と語る。まさに危機だから見えてくる何かがあり、危機はその鍵なのですね。

若松　教皇フランシスコは、教皇になる以前、独裁的な軍事政権下でも弱い者たちに寄り添ったアルゼンチン時代の彼の人生を考えても、そのことを体現している人物でもある。

危機におびえるだけでなく、その奥に潜む意味をどう捉えるかを今、私たちはまさに迫られているように思います。

危機は受け取り方によっては重要な契機であり、恵みにもなり得る。むしろ、その転換と変貌を実現するのが神学の役割かもしれませんね。危機のなかに可能性を発見し、それを多くの人と分かちあうことです。

善きサマリア人のたとえ

山本　そういう観点から「危機」について考えを深めようとするさいに、まず私の念頭に浮かび上がってくるのは、『新約聖書』の「ルカによる福音書」の第十章にある、「善きサマリア人のたとえ」です。まずは全文を引用してみましょう。

025 すると、一人の律法の専門家が立ち上がり、イエスを試みようとして尋ねた、「先
生、どうすれば、永遠の命を得ることができますか」。
026 そこで、イエスは仰せになっ
た、「律法には何と書いてあるか。あなたはどう読んでいるのか」。
027 すると、彼は答
えた、「『心を尽くし、精神を尽くし、力を尽くし、思いを尽くして、あなたの神であ

る主を愛せよ。また、隣人をあなた自身のように愛せよ』とあります」。028イエスは仰
せになった、「あなたの答えは正しい。それを実行しなさい。そうすれば、生きるで
あろう」。
029すると、彼は自分を正当化しようとして、イエスに「わたしの隣人とは誰です
か」と言った。030イエスはこれに答えて仰せになった、「ある人がエルサレムからエリ
コに下って行く途中、強盗に襲われた。彼らはその人の衣服をはぎ取り、打ちのめし、
半殺しにして去っていった。031たまたま、一人の祭司がその道を下って来たが、その
人を見ると、道の向こう側を通っていった。032また、同じように、一人のレビ人がそ
こを通りかかったが、その人を見ると、レビ人も道の向こう側を通っていった。033と
ころが、旅をしていた、一人のサマリア人がその人のそばに来て、その人を見ると憐
れに思い、034近寄って、傷口に油とぶどう酒を注ぎ、包帯をした。それから、自分の
ろばに乗せて宿に連れていき、介抱した。035翌日、サマリア人はデナリオン銀貨二枚
を取り出し、宿の主人に渡して言った、『この人を介抱してください。費用がかさん
だら、帰ってきた時に支払います』。036さて、あなたは、この三人のうち、強盗に襲わ
れた人に対して、隣人となったのは、誰だと思うか」。037律法の専門家が、「憐れみを

施した人です」と言うと、イエスは仰せになった、「では、行って、あなたも同じようにしなさい」。

ここでは、ユダヤ教の律法学者とイエスが対話をしています。『新約聖書』には、律法学者はしばしばイエスの論敵として登場します。彼らは、イエスが新しい教えを広めようとしているようだが、どうも『旧約聖書』の律法（さまざまな掟）をないがしろにしているのではないかと疑っている。彼らにとって、イエスは怪しげな人物だったんですね。イエスは当時、罪人とみなされていた遊女や徴税人などと親しくしていて、それは神の教えに反すると考えていた律法学者たちは、事あるごとにイエスに論争を挑んでいたのです。

このテクストにおいては、まずは、「律法」をめぐるイエスと律法学者とのやり取りが行われています。『旧約聖書』において神から与えられている様々な「律法」のうちで最も重要なものはなにかというイエスの問いに対して、律法学者は、「神を愛すること」「隣人を自分自身のように愛すること」という二つの律法を抜粋して答えます。そして、その答えをイエスは肯定します。両者の見解は一致しており、問題は実際にそのような愛を実践するか否かだけであるかのようにも思われます。

ところが、実は、イエスの考えと律法学者の考えは根本的に異なるものだということが、以下のやり取りで明らかになっていきます。

律法学者はイエスに「隣人」の定義を求めます。しかし、これは実は罠なのです。律法学者の「わたしの隣人とは誰ですか（10章29節）」という問いに対し、「神の教えをきちんと守っている、律法学者のような人です」と答えれば、イエスは言行不一致になる。なぜなら、イエスは遊女や徴税人――徴税人は、当時ユダヤを支配していたローマ帝国の手先となって、同胞のユダヤ人から税を集める、裏切り者と見なされていました――と一緒に食事などをしていたからです。

一緒に食事をするというのは、古代世界ではかなりの親しさの表現なのです。しかしイエスが「遊女や徴税人も隣人だ」と言えば、その言葉自体が律法の教えに背くものとみなされてしまう危険性がある。どのようにイエスが答えても責めることができる罠を仕掛けたのです。それに対して、イエスは直接的に隣人の定義を答えず、「ある人がエルサレムからエリコに下って行く途中、強盗に襲われた。彼らはその人の衣服をはぎ取り、打ちのめし、半殺しにして去っていった（10章30節）」と「善きサマリア人」のたとえ話を語り始めるわけです。

通りがかった祭司やレビ人は、この人を避けて道の向こう側を通っていきます。しかし、旅をしていた一人のサマリア人は、この人を手当てして宿屋まで連れていき、翌朝、面倒を見てくれるよう宿屋の主人にお金まで残して去っていく。祭司もレビ人も、ユダヤ教の祭儀に関わる中心的な存在です。サマリア人は、ユダヤ人と征服者であるアッシリア人とのあいだに生まれた人々で、ユダヤ教の正統的なあり方から外れた存在だと、ユダヤ人たちから差別されていました。祭司やレビ人が助けないどころか避けていくのは、当時のユダヤ教の教えでは、単に関わり合いになりたくないというだけではなく、死体が穢《けが》れだったので、生きているのか死んでいるのか分からない被害者に触れるのを恐れたからです。

イエスは、律法学者の問いを、微妙な仕方で、でも決定的に変容させます。律法学者の問いは隣人を定義し、どこまでが隣人でどこから先は隣人ではないのかという枠を作ろうとしていますが、イエスは、むしろ枠を超えて関わっていくことによって「隣人となる」という態度をとる。イエスは律法学者に、「さて、あなたは、この三人のうち、強盗に襲われた人に対して、隣人となったのは、誰だと思うか（10章36節）」と問います。さすがに律法学者も、祭司やレビ人とは答えられない。しかし、サマリア人だとは言いたくないから、「憐れみを施した人です（10章37節）」という微妙な答え方をするのですね。

今回の対談のテーマの「危機」という枠組みでこのたとえ話を解釈するとすれば、多くの人は、このたとえ話のなかで危機に瀕していたのは強盗に襲われた人だと答えるでしょう。ですが、私としては、強盗に襲われた人だけでなく、彼のそばを通り過ぎた一人一人もまた、「危機」に直面していたと捉えたいのです。

　われわれは常に何らかの仕方で分かれ目に直面している。助けを求めている人たちに、自分が何かできるかもしれない状況に呼びかけられ、自分のとるべき行動を決定すべき分かれ目に人間は常に直面している、そんな物語として読むこともできると思います。そうした一つ一つの「分かれ目」「危機」にどのように直面してきたかということの積み重ねが、いわば私という人間を定義しているとも言えるわけです。

若松　「善きサマリア人」の話は、『新約聖書』で、もっとも有名な場面の一つですが、今の山本さんの「読み」は、危機にある現在に鋭く響き、じつに新鮮だと思いました。古い言葉を新生させる。これがまさに神学の仕事ですね。

「善きサマリア人」の話が重要なのは、そこに登場するのはイエスを受け容れた人の話ではない、ということです。『新約聖書』のほかの箇所を読むと、サマリア人はイエスを拒んだ人としても描かれている。そういう人の善行をイエスは正当に語っているわけです。イエスが生きている時代ですから、キリスト者という言葉は適当ではないのですが、イエスが、自分の教えの本質を、非キリスト者という存在を通じて語っている。このことの意味も考え直してみたいと思います。

「弱さ」に直面するということ

若松　さて、「善きサマリア人」に出てくる道で倒れた人は身体的危機に直面した。それを見ていた祭司たちは身体的には無事でも霊的危機に直面している。すなわち神の前で応答を迫られている。この様相はそのまま、私たちの日常の問題となってよみがえってきます。

　サマリア人が助けた人は強盗に襲われ、突然、危機に見舞われた。それは急に弱者になるということでもあります。今回の新型コロナウイルス感染症の流行で、私たちもまた、ある意味とても「弱い」状態に追いやられた。自分たちの力で、世界を作り変えてきたつもりが、未知なるウイルスによって大混乱に陥った。人間の無力さと「弱さ」をあらためて経験したわけです。このさまざまな意味における「弱さ」も、今日再考すべき神学的主題だと思うのです。

「弱さの神学」を考えるとき、見過ごせないのはパウロ[7]です。彼は、「コリントの人々への第二の手紙」で「自分自身については、弱さ以外のことを誇りはしません（12章5節）」

という印象的な言葉を残しています。「弱さ」とは避けるべきものではなく、真に誇るべきものだというのです。なぜ、このような世の常識を逸脱した発言がなされるのか、ここに神学的地平があるはずです。

回心以前のパウロは『旧約聖書』の律法を誰よりも熱心に守って生きてきた人物でした。新しい教えであるキリスト教を認めず、その信徒たちを迫害さえしました。しかし、あるとき避けがたい啓示を受け、キリスト教徒になるばかりか使徒にもなることになります。

キリスト者になる前の彼は、強さにおいて人々を従え、導いていく立場にあり、それがよいことだと信じていました。しかし、かつては長所だった人間的な意味での強さが、回心後の彼にとっては大きなつまずきになっていきます。強さを誇る人はなかなか内に眠る愛を開花させることができない。パウロは、自らの「弱さ」を発見しながら、自らと神、そして神を媒介にした自己と隣人との間に不可分なつながりを見出していくことになります。

同じ手紙でパウロは「わたしは自分の弱さを誇ることにします。（中略）わたしは、弱っている時こそ、強いからです（12章9～10節）」とも述べています。こうした言葉を発するパウロには、「弱さ」を真に認識するとき、人はそこに神の臨在を共に経験するという確信がある。それは同時に深い意味での「隣人」の経験でもある。「神」と「愛」と「隣人」は、同じ問いのなかにある三つの局面だといえるかもしれません。コロナ禍にある私たちもまた、「弱さ」の経験、あるいは「弱さの神学」を顧《かえり》みることなく、何かに追い立てられるようにかつての日常を取り戻そうとすると、かえって形を変えた危機を招き寄せることになるのではないかとすら思います。

弱さとともにある神

山本　弱さを克服するのでも、弱さに安住するわけでもなくて、弱さを通じて現れる強さが語られている。それと重なるかもしれない話として、『旧約聖書』の「出エジプト記」の物語を紹介したいと思います。

「出エジプト記」は、古代の大帝国であったエジプトで奴隷として酷使されていたヘブライ人たちが、モーセを指導者として、神の導きのもとにエジプトを脱出していくという物語です。奴隷になっていたヘブライ人たちを解放せよというメッセージを伝えるため、モーセに神が現れます。しかし、モーセは神からの語りかけを素直に喜んだりはしません。大国エジプトの王の意向に逆らってヘブライ人たちを導くなんて自分には無理だと言う。すると、神は次のように答えます。「わたしは必ずお前とともにいる。わたしがお前を遣わす徴《しるし》はこれである。お前が民をエジプトから導き出したとき、お前たちはこの山で神に仕えるであろう（3章12節）」。

　この、「ともにいる」ということ、これは『聖書』の神の最も基本的な在り方なんです。『旧約聖書』「イザヤ書」の中の有名な一節に、「見よ、おとめが身籠《みごも》って、男の子を産み、その名をインマヌエルと呼ぶ（7章14節）」という言葉があります。これは『新約聖書』の「マタイ福音書」でも引用されるもので、処女《おとめ》マリアからのイエスの誕生を預言したものとキリスト教では解釈されています。ヘブライ語ではそれぞれ、インマー＝ともに、ヌ＝われわれ、エル＝神を意味し、インマヌエルというのは「神、われらとともにあり」という意味になります。「神がわれわれとともにいてくださる」ということを体現する存在が生まれる、という預言なのです。

『旧約聖書』と『新約聖書』を貫いて、神というのは「ともにいる」神なのです。『聖書』の様々な物語において、神に聞き従う人々は、何の苦難にもあわないとか、危機的状況に全く陥らない、というようなことはありません。神の言うことさえ聞いておけば無風状態のなかで安穏に生きることが保証されるといった、そういう「神」ではないのですね。

　真摯《しんし》に生きる人々は、真摯に生きるからこそ、危機に陥らざるをえず、自らの弱さがあらわになるような状況に直面してしまう。その危機のただなかで、神は人間とともにあり、弱さに直面したままの状態で何か積極的なことを実現するのを可能にさせる。これが神の人間に対するはたらき方なのです。

「ともにある」神は、弱さの中でどのような仕方で人を強くするのか。このヒントになるのが「出エジプト記」の、先ほど紹介した部分の続きです。モーセは自分の使命を受け入れ、神の名を尋ねます。すると神はこう答える。

「わたしは『ある』ものである」。また仰せになった、「イスラエルの子らに言え、『〈わたしはある〉という方がわたしをあなたたちのもとへ遣わされた』と」。（3章14節）

これはとても奇妙な名前ですね。「わたしはある」というのがその名前なのだと言う。「わたしは『ある』ものである」と訳されているのは、ehyeh《エヒイ》 asher《アシエル》 ehyeh という謎めいたヘブライ語の言葉です。この二回繰り返されるehyehは、「ある」「なる」といった意味を持つヘブライ語の動詞hayah《ハーヤー》の単数一人称未完了形、asherは関係代名詞です。だから英語でいうとI am that I amとかI will be that I will be、未完了的に訳すと「私はあるだろうもので私はあるだろう」となる。この名前の意味をどう解釈すべきかということについては、現代に至るまで議論され続けています。神の名前がどういう意味を含んでいるか、それ自体根本的な謎なわけです。神の名前が明かされる最も重要な箇所でありつつ、むしろ謎が深まる。

ただ、謎だと言って終わりにするだけではあまり意味がないので、一つの有力な解釈をご紹介します。それは、神は常に人間による把握を超えたあり方を新たに示してくる非常にダイナミックな存在だ、というものです。あなたがたによって神はこういうものだと箇単に定義されるようなものではないのだ、という非常にダイナミックなあり方を感じさせます。そういう脱自的な神、常に自分を超え出ていくような神がともにいてくれることによって、弱さ、困難、危機を抱えつつもそれを突破していく脱自的な力が人間に与えられていく、と解釈できるわけです。

若松　神が「脱自的」である、神は、つねに自らを超え出ていくような存在である、という神認識はとても重要だと思いました。そして、新しくもある。神学における「新しさ」とは伝統と深い関係を持ちながら、今と呼応するかたちで新生している、ということですが、山本さんの「脱自的」な神という指摘はそうした意味で「新しい」ものでもあると思います。

キリスト教神学は、静的、概念的なものではなく、じつに動的なものです。むしろ、動的ならざるものは神学ではないといってもよいくらいではないでしょうか。さび付いた概念を繰り返しているだけでなく、永遠なるものが、それゆえに常に新たに生まれるという思想が、キリスト教神学の根底にある。そういう思想だけが古くて新しい危機に対応できるのではないか。この対談では、そうした可能性をめぐっても思索を深めたいと思っています。

注

（1）**教皇フランシスコ**（一九三六―）本名はホルヘ・マリオ・ベルゴリオ。アルゼンチンのブエノスアイレス出身。史上初のアメリカ大陸出身の教皇であり、史上初のイエズス会出身の教皇。前教皇のベネディクト十六世が二〇一三年に辞任したことを受け、コンクラーヴェにより新教皇に選出される。貧しい人たちのための教会を目指す。質素な宿舎に居住し、庶民派として愛される。著書に『回勅　ラウダート・シ』『パンデミック後の選択』など。

（2）**サン＝テグジュペリ**（一九〇〇―四四）フランスの小説家。海軍兵学校の受験に失敗後、兵役で航空隊に入る。除隊後、航空会社の路線パイロットとなり、多くの冒険を経験。著書に『南方郵便機』『夜間飛行』『人間の土地』『星の王子さま』など。行動主義文学の作家として活躍した。

（3）**ロマーノ・グァルディーニ**（一八八五―一九六八）ドイツの神学者。一九二〇年代からのカトリック青少年運動や典礼運動の指導者のひとり。邦訳に『ソクラテスの死』『ミサ聖祭に与るための準備』『神学研究からの祈り』など。

（4）**ドストエフスキー**（一八二一―八一）十九世紀ロシアを代表する世界的な作家。農奴制的秩序から資本主義社会へ移行する過渡期のロシアにおいて、引き裂かれる自己のあり様を作品へ昇華させた。その哲学的、宗教的意味はニーチェからカミュ、サルトルに至る実存主義的思想の系譜に引き継がれた。主著に『罪と罰』『カラマーゾフの兄弟』『悪霊』『地下室の手記』『白痴』など。

（5）**ソクラテス**（前四六九頃―前三九九）アテネ出身の古代ギリシアの哲学者。倫理学の道を切り開く。町の人々との哲学的対話を仕事としたが、究極の根拠についての無知を悟り

（無知の知）、それへの問いかけを通じてこの「行き詰まり」のうちにとどまるところにソクラテスの哲学がある。一切の著述を行わなかったため、弟子のプラトンとクセノフォンの著作を通して知られている。

（6）**ベネディクト十六世**（一九二七－、在位：二〇〇五－一三）本名はヨーゼフ・アロイス・ラッツィンガー。小さい頃から司祭になることを夢見ており、戦後、神学者の道を歩む。保守派を代表する教会指導者で、教会の宗教的純粋性を重んじたヨハネ・パウロ二世を支えた。ピアノが趣味でモーツァルトとベートーヴェンを愛する。著書に『ナザレのイエス』など。

（7）**パウロ**（前一〇頃－六五頃）パリサイ派のユダヤ教徒としてキリスト教を迫害したが、復活したキリストの声を聞き、キリスト教徒となった。この経験は「パウロの回心」といわれ、紀元三四年頃のこととされる。回心した後、その半生をキリスト教の伝道に捧げた。『新約聖書』にはパウロが書いたとされる書簡十三が収められているが、その大半は各地の教会に宛てて書かれたものであり、イエスの教えが体系的にまとめられている。

第二章　疫病とキリスト教

神学はどのように生まれたのか

山本　「危機の神学」についてこれから本格的に考察していくためのとっかかりとして、まずはコロナにおける危機に神学者たちがどのように発言したかを見ていきたいと思いますが、その前に「神学」というものはそもそもどのように生まれてきたのかというところから始めましょう。そして神学について語る場合にまずお伝えしておきたいのは、キリスト教の神学には、実に多様なものがあるという事実です。というのも、日本においては、「キリスト教、一神教とはこういうものだ」という、ステレオタイプの理解があると思うのですが、神学というものは、キリスト教の中でもかなり論争的な仕方で成立してきたものだからです。特に、断片的とも言える『聖書』のさまざまな記述、さまざまな出来事のどこを強調するかによって、ずいぶんキリスト教の捉え方が変わってくると思うんです。

キリスト教で最初に書かれたものは『聖書』ですね。まず『旧約聖書』を受容しつつ『新約聖書』を構成する諸々の文書が書かれてから、元来キリスト教とは直接関係のない古代ギリシア哲学などと結びつく仕方で、より体系的なキリスト教の神学が成立していくことになったわけです。これは逆に言うと、『聖書』はキリスト教の基盤となる最も重要な本でありながら、あまり体系的ではないということでもあります。

たとえば『旧約聖書』にはさまざまな預言者やモーセの物語など、非常に具体的な物語がたくさん出てきますし、『新約聖書』もまた、イエスをめぐるさまざまな出来事が書かれた福音書や、さまざまな機会に書かれた書簡であって、全体としてキリスト教の教えが必ずしも体系的に書かれているわけではない。むしろ神学というものは、キリスト教が発展していくにつれて、ギリシアで成立した体系的な学問の助けを借りながら、少しずつ体系化されて成立していったわけです。

疫病とキリスト教

山本　今回のコロナの出来事をめぐっても、すでにさまざまな神学者たちが論考を書いていますが、そこにはそれぞれのキリスト教の捉え方がにじみ出ている。そこで、それらを批判的に読み解きながら「神学とは何か」を考えていきたいと思います。

まず初めにロドニー・スターク[1]という宗教社会学者が書いた『キリスト教とローマ帝国』（穐田信子訳、新教出版社）を見てみたいと思います。疫病をキリスト教神学と絡めながら語っているこの本は、いま話題の本の一つです。というのは、キリスト教神学と疫病というのは、キリスト教の歴史を振り返ってみればそれほど恣意《しい》的な問題設定ではないからですね。スタークはこの本で、はじめはローマ帝国で迫害されていたキリスト教が徐々に広まっていき、国教化されたその背景には疫病との関係があったということを述べていて、今回のコロナに関して何か発言しようとするほとんどすべての人が、何かしら言及する本になっているんです。そこで、少しだけですがその主張の一端を見てみます。

　この本の副題は「小さなメシア運動が帝国に広がった理由」で、章タイトルの一つが「疫病・ネットワーク・改宗」となっていることからもわかるように、キリスト教が広まったのは疫病が大きなきっかけだったと言っています。「事実、キュプリアヌス、ディオニュシウス、エウセビオスその他の教父らは、疫病がキリスト教運動に大いに貢献したと考えていたし、わたしもそう思う。この章では、古代社会がこうした災禍によって大混乱に陥っていなければ、キリスト教は宗教としてこれほど支配的にならなかっただろう、という説を述べたい」とまで言っているんです。

　では、なぜキリスト教が異教、多神教よりも疫病への対処において優位になったのか。その理由を、スタークは三つの論点に答える形で述べています。

　まず一つ目の論点は、キリスト教の教えの基礎をかたちづくった教父[2]（church fathers）

の一人であるキュプリアヌス[3]の著作の中に見られるとして、「多神教や古代ギリシア哲学では疫病を説明しきれず、癒すこともできなかった。逆に、キリスト教は、人がそのような苦しい時代になぜ遭遇したかへの満足のいく答えと、希望にあふれ、情熱的とさえいえる未来像を与えた」と書いています。

二つ目の論点は次のようなものです。「愛と奉仕というキリスト教の価値観は、当初から社会奉仕と連帯という規範を生んだ。災難が襲ったときでも、キリスト教徒はうまく対処でき、そのことが実質的により高い生存率につながった。そのため疫病がひとつ終わるたびに、キリスト教徒はたとえ新たな改宗者がなくても人口に占める比率を増やした。さらに彼らの生存率の明らかな高さがキリスト教徒にも異教徒にも『奇跡』とうつったことで改宗を誘ったに違いない」。

要するに、異教徒においては、疫病が発生しても相互の助け合いがなく、社会的にも経済的にも恵まれていた医者は真っ先に患者を見捨て、別荘かどこかへ逃げるわけです。そんななかで、べつに医者でなくとも、普通のキリスト教徒がほんのちょっと助けるだけで疫病に感染した患者たちの状況は大きく変わった。疫病で動けなくなっている人の家の前に水と食べ物を置くだけでも生存率は相当変わるわけです。だから、キリスト教徒のネットワークの中にいる人たちは、何の助けもなかった人と比べると、相対的に生存率が高かった。そして疫病を繰り返すごとに、より生存率の高かったキリスト教徒の比率が高くなっていくばかりか、自分もそういう助けのネットワークに入りたい、または、あれだけキリスト教徒たちが助かるというのは、何かやはり彼らには神の加護があるのではないかと人々が考えて、信徒が増えていったのだというわけです。

この第二の論点はそのまま三つ目の論点にも重なっています。「キリスト教徒の社会的ネットワークの生存率のほうが優っているとき、異教徒は失った絆をキリスト教徒とのつながりで埋め合わせる確率が高まっただろう」とスタークは述べますが、異教徒は疫病で友人をたくさん失った。すると、生き残っている比率の高かったキリスト教徒のネットワークに入っていくことで、キリスト教のネットワークが広まるきっかけができていったというわけです。

「愛」ということ

山本　では、そもそもなぜ、ローマのもともとの宗教である多神教とキリスト教とでこのような大きな違いが生まれてきたのかと疑問が湧いてくるわけですが、スタークはその理由を次のように書いています。

> 多神教の神々は供物だけ求め、それ以外の、人の生業は人の手に任せた。したがって多神教の神官が、憐れみの心がなければ神の救いからもれるだろうと説くはずもなかった。事実、多神教の神々は救いを差し伸べない。彼らが供え物と引き替えにいろいろなご利益を授けてくれたとしても、死からは逃れさせてくれなかった。このことは、いつ何時死ぬかも分からない状況でのキリスト教徒と異教徒との反応を比較する際、視野に入れておく必要がある。キリスト教徒はこの世の命は前奏に過ぎないと確信していた。ガレノスにとって、ローマにとどまって病に倒れた人を見ようとするのは、キリスト教徒の何倍もの勇気が必要だったことだろう。（『キリスト教とローマ帝国』、訳語を部分的に修正）

これは何を言っているのでしょうか？　ガレノス[4]は古代の代表的な医師・医学者でありマルクス・アウレリウス帝の侍医を務めた人物でもありますが、疫病からまっさきに逃げたと言われています。ガレノスのような知識もあり社会的にも恵まれた人が、疫病に出会えばまず逃げた。それは今の医療倫理からはかけ離れていますが、当時としては当然のことだったんです。でも、キリスト教はそれとは違うあり方を提示したのだと。それがまさに「愛」ということですよね。困っている人に愛の奉仕をするというキリスト教の根本精神。その背後にあるのは、この世の命がすべてではないという発想です。しかしだからといって、「天国において初めて本当の人生が始まるのだから、現世なんてどうでもいい」となるのではなく、天国の存在に対する強い確信を持っていたからこそ、現世において既に天国を生き始めるというか、天国につながる愛の奉仕をするわけです。天国というのは愛が支配している場所であるわけですから。

　聖書学では、「すでに」と「まだ」の緊張関係がよく言われます。「神の国」はイエスの活動を通じてすでに来ている、でもそれはまだ完成していない、という。ではどういう仕方で完成するのかといえば、愛のつながりを通じて完成していく、と捉えるわけですね。

　ですから、この世がすべてでないという確信を背後に置きつつ、自分の命が脅かされることがあっても愛の奉仕をするというキリスト教徒の新しい生き方が、疫病に対する対策として非常に有効だったわけです。だって、疫病の中においては、少しの助けがあるかないかで生存率はぐんと変わるわけです。そして実際に目の前でその光景を見た人々は、それはキリスト教徒に神の働きがあったからなのだという受け止め方をした。だから疫病があるつど、キリスト教がローマ帝国の中でじわじわと広まっていったのだとスタークは言っている。これはなかなか面白い見方だと思うんですね。

この本の中に「危機と信仰」という見出しがありますが、ローマ帝国の疫病という危機を通じて、ある宗教、つまりローマ帝国の多神教が決定的に落ちぶれ、キリスト教という新たな宗教が決定的に広まるきっかけになった。つまり、社会的な危機というものは宗教が滅びるきっかけにもなるし、発展するきっかけにもなる。そして実際にキリスト教は危機において発展した――という話ですが、これをコロナの問題に応用すれば、キリスト教が今この危機に対して何か意味のある発言をすることができるかどうか、それが今後、キリスト教というものが意味のある存在として受け入れられていくのか、あるいはただ異物のような存在になってしまうのかという鍵を握っているのではないかと思います。

次に、スタークが引用していたキュプリアヌスの言葉をもう少し詳しく見てみましょう。キュプリアヌスの「死を免れないことについて」という短い作品（『中世思想原典集成4　初期ラテン教父』所収、吉田聖訳、平凡社）の十五章から二十章にかけて疫病の話がなされていて、十六章に「疫病とそれにかかわる人々の反省点」という小見出しがついています。

その冒頭を読んでみます。

愛する兄弟たちよ。この疫病は恐ろしくて致命的なものと見えはするが、おのおのの正義や心を吟味するために、これほど適切で、これほど必要なことがあろうか。健康な者が病気の者を世話したかどうか、近親者がその親族を愛情込めて愛したかどうか。主人たる者が使用人の疲労や衰弱に同情したかどうか、医師は懇願する患者を見捨てたりしなかったかどうか。

ここではいくつも具体的なことが言われていますが、一言で言えば「愛」ということですね。困っている人、病気になっている者に、愛情を込めた奉仕をしたかどうか。疫病というものは、愛をもってそうした奉仕をする人なのか否かを見分けさせる機会となっていると言うわけです。「おのおのの正義や心を吟味するために」とはそういう意味です。先ほどの繰り返しになりますが、天国のようなものを認めるからこそ、いま目の前で困っている人と深く関わるという発想へと導いていく。
これは「マタイ福音書」の第二十五章の「最後の審判」の話にも表れています。王が民を左右に分け、右側にいる人たちにこう言います。「わたしたちの父に祝福された者たち、さあ、世の初めからあなた方のために用意されている国を受け継ぎなさい。あなた方はわたしが飢えていた時に食べさせ、渇いていた時に飲ませ、旅をしていた時に宿を貸し、裸の時に着せ、病気の時に見舞い、牢獄にいた時に訪ねてくれたからである」。すると、その人たちは「いつわたしたちは（中略）あなたをお訪ねしましたか」と王に答えるけれども、「わたしの兄弟、しかも最も小さな者の一人にしたことは、わたしにしたのである」と王すなわちキリスト（神）は言う。つまり、人に奉仕することと、神に奉仕すること、愛のわざをすることが直結する。疫病とは、そういうキリスト教の発想がまさに試され、愛というものを生き生きと示す機会でもあるのだとキュプリアヌスは言っているわけです。

　神学にはこのように、単に『聖書』の記述を整合的に理解するだけではなくて、現在起きている問題に対して発言していく、という側面があるわけです。神学者たちは、多かれ少なかれ、今起きている出来事、または歴史の中に神の意図を読み取ろうとしている。でも、そのときに気をつけなければならないのは、恣意的に読解することです。なぜなら神の意図なんて誰にも簡単には分からないからですね。もし「神」と呼ばれている何者かが存在するとした場合、それは原理上人間の理解を超えている面があるわけですから、今起きている出来事に神なるものがどういう仕方で働きを及ぼしているのかなんて、人間にはなかなか分からない。

では、そういう時にしばしば活用される、今起きている出来事を神学的に解釈する時の基準は何かというと、それはやっぱり「愛」なんです。今起きている出来事を、イエスが説いた弱き者への愛という観点から考えることだけは抜きにしてはならないし、それこそが最も重要なものとして語られてきた。キリスト教の最も初期の教父の一人であるキュプリアヌスにおいても、やはり愛のわざという視点が打ち出されていることが、この箇所からも読み取れると思います。

「勇気」ということ

山本　もう一つスタークが紹介しているのは、ディオニュシオス[5]という初代の教会の司教の一人の言葉です。彼が、疫病の蔓延《まんえん》下におけるキリスト教徒と異教徒との違いを対比させている書簡の一節が、エウセビオス[6]の『教会史』で引用されているのですが、その中でキリスト教徒について次のように書いています。

とにかく私たちの兄弟の大半は、あふれんばかりの愛と兄弟愛から、骨惜しみせずに互いのことを思いやりました。危険を顧みずに病人を訪れ、優しく介護し、キリストにあって仕え、そして、彼らとともに喜びのうちにこの世を去りました。この人たちは他の者から病気を移され、隣人たちの病を自らのそばに引き寄せ、その苦痛を進んで自分のものにしました。そして、多くの者が、他の人たちを看護し癒したとき、その者たちの死を自分に移して自ら死んでいきました（中略）しかし、異教徒たち〔の振る舞い〕はまさに逆でした。彼らは〔疫病に〕倒れたばかりの者さえ敬遠し、最愛の者たちから遠ざかりました。彼らは半死の者を路上に投げ出し、葬られていない死体を手ひどく扱いました。彼らは〔そうすることによって〕この死〔病〕の蔓延と伝染を避けようとしましたが、それはどんな手だてによっても容易に逃れられませんでした。（秦剛平訳、講談社学術文庫）

ここは現代のコロナ禍において起きていることを示唆する文言にもなっていますね。エウセビオスの『教会史』は実証的な歴史学の本ではなく、キリスト教の発展を後付け的に正当化するようなところもあるので、少し割り引いて考える必要はあるにしても、やはり、キリスト教という宗教が疫病という危機において発展したその背景には、キリスト教徒と異教徒たちの振る舞い方の違いがあることが、こうした古典的なテクストから読み取れるわけです。

若松　危機をめぐる、こういう言葉が残っているということ自体がとても興味深かったですし、人間がそう簡単には変わらないこともはっきり分かりました。

実はいま語られた人たちの中に同じく見られるのは、「勇気」ということではないでしょうか。ご存知のとおり、勇気はキリスト教の七元徳[7]の一つです。今、私たちがコロナ危機の中で少し顧みなければならない問題として、勇気という問題がある。勇気はどこに位置していて、どのように開花して来るのかは後でまた考えてみたいと思うんです。

それで私は、山本さんがご紹介くださったような疫病の危機におけるキリスト教徒たちの行為を、現代において地で行ったのが、目の前で死にゆく人たちに寄り添っていったマザーテレサ[8]だったのではないかと思いました。私たちにとって死というものこそ最も大きな恐怖だという言い方もできる。死にゆく人というのはその恐怖を体現している人だから、どうしても遠ざかっていく人が多いわけですが、マザーテレサはその中に愛をもって入っていった。

私はコロナ禍でマザーの言葉を読む機会もあって、ブライアン・コロディエチュック神父[9]という人の言葉の中に、マザーについて考えさせられる優れた文章を見つけました。

> マザーテレサの生涯は、他の多くの聖人と同じように、生きた神学である。マザーテレサが書き残した文章やスピーチに、あわれみについての詳細な解釈は見られないが、代わりに、共感とあわれみ豊かな霊性を残した。（マザーテレサ著、ブライアン・コロディエチュック神父編『あわれみへの招き　愛する心、仕える手』原田葉子訳、女子パウロ会）

神学には、「書き残された神学」と、「生きられた神学」がある。そして現代は「書き残された神学」だけでなくて、「生きられた神学」をどう受け取り直すか、という問いにも直面していると思うのです。マザーは言葉をたくさん残したけれども、いわゆる著述のようなものはほとんどないと言っていい。だから、キリスト教の神学でいう解釈のようなものはないのですが、全身をもって神学を体現していた。それが彼女の霊性の表現だった。そして、この危機の中においては、マザーテレサのように、「生きられた神学」、すなわち生涯によって表現された神学を捉え直すことが急務だと思うのです。

徳とは何か

若松　さて、勇気とは何かという問題ですが、このことを考えていくと、結局は「徳」とは何かという問題に逢着します。そもそも「勇気」が、洋の東西を問わない「徳」の一つであることが忘れられている。古代ギリシア哲学、『旧約聖書』、『新約聖書』だけでなく、『論語』においても「勇」は、重要な「徳」のはたらきとして語られている。「義を見てせざるは勇無きなり」というよく知られた言葉があります。

私たちは学校の道徳の時間で習ったような「こうあるべし」という規範が徳だと思いがちですけれど、マザーテレサにおいて徳というものはむしろ、私たちの中に種子的に与えられていて、私たちが生きることによって開花させていくべき何かです。ですから、勇気の種子のようなものは私たちの中にすでに与えられている。それを開花させられるかどうかは私たちの試みであり、挑みでなくてはならない。

プラトン[10]の『国家』によれば、徳とはすなわち「知恵（賢明）、勇気、節制、正義」の四つです。まず賢明／賢慮であること、真の意味での知性の開花です。そして、使徒をはじめとしたキリスト者たちがそうだったように、神とのつながりにおいて勇気／剛毅を持つということ。そして節制というのは、慎み深くあることです。身体的、物質的な節制だけでなく、傲慢を退けるような霊性的な節制も含まれます。そして正義は、神の前で「義《よ》し」とされることだと考えてよい。これらは「賢慮、剛毅、節制、正義」とか「理性、気概、欲望、正義」など、さまざまな訳し方があるわけですけれども、改めて考えてみるとどれも本当に大事な、私たちが自分の中でいま燃え立たさなければならないものであることがわかります。

キリスト教ではこの四つに信仰、希望、愛が加わって七元徳になる。『新約聖書』のパウロの書簡を読んでいると、とにかく愛がなければならないということが繰り返し語られます。彼は信仰というものをとても強く表現した人として知られていますが、愛が真ん中にあってこそ、信仰も希望もより確かなものになってくる。それがパウロの神学だと思います。

しかし現代は、信仰、希望、愛という三つの要素があるとしたら、いかに信仰を深めていくか、いかに希望を持つかということに対して人々は熱心だけれども、愛を開花させることについてどうなのかは、大いに考えてみる余地がある。たとえば、愛なき勇気は勇気たり得ない、というのがパウロの核心であり、確信でした。

また、七元徳のなかで、勇気と共に、いま最も問い直すべきは「正義」です。今日の日本の社会で、「正義」という言葉がどれだけ生き、そして、根付いているかというと、たいへん心許ない感じがするのです。昨今の政治状況を考えてみても、正義という言葉が私たちの日常から遠ざかっているのは火を見るよりも明らかです。

一方、アメリカなどを見ていると、「ジャスティス justice」という言葉がこれでもかというくらい連発される。社会的正義（ソーシャル・ジャスティス）、経済的正義（エコノミック・ジャスティス）だけでなくて、気候問題にしても、「クライメイト・ジャスティス」、気候的正義という表現すらある。アメリカが正義の国である、というつもりはありません。しかし、アメリカでは少なくとも正義は語り得るものにはなっているし、実際に語る人もいる。

考えてみたいのは、アメリカで語られている多様な正義の解釈ではないのです。その原義を東洋的にさかのぼって、東洋におけるキリスト教神学の新しい地平の可能性をめぐって考えを深めてみたいと思うのです。

まず、「義」というのはもともと儒教の言葉です。私たちが日々、接している日本語訳の『聖書』に記されている言葉は、宣教師たちが、日本語以前に懸命に儒学を勉強した経験が生かされています。「義」のほかにも「天」「愛」「信」など聖書の中核をなす言葉に儒教の歴史が生きています。

では「義」とは何かという問題ですが、さきほどもふれたように、「義」は「よし」とも読む。そうした語感が、この言葉にはあって、「義」とは、神の前において「義《よ》し」とされることなのだと思うのです。

また「義しく」は「ただしく」とも読みます。神の前で「よし」とされ、「ただしく」あるとは、どういう状態をいうのか。こうした視座は、哲学的思惟からは、なかなか浮かびあがってこない。神学が照らし出すものだと思うのです。

もちろん「正義論」は、ジョン・ロールズ[11]をはじめとして、現代では哲学的問題になっているわけですけれども、ロールズにおいてすら、やはり神学的前提があって、それを哲学的に展開しているところがある。むしろ、正義という神学的問題を哲学の地平に移し替えようとしたところにロールズの挑戦があった、ともいえる。

山本　マザーテレサは「生きられた神学」を示したのではないか、という話に関連してですが、やはり神学というものは、キリスト教の信仰を有している人のなかでも特殊な専門家がやる学問であって、信者であっても一般には縁遠く感じられているのではないかと思うのです。でも、トマス・アクィナス[12]について一九九〇年代に書かれ、現在に至るまで最も優れた評伝とされるジャン＝ピエール・トレル[13]というフランスの神学者が書いた本の副題は、英訳では *Spiritual Master* となっている。トマスはそこでは「霊性の師」として捉えられているんですね。

トマス・アクィナスは、通常思われているのとは異なり、キリスト教を抽象的に正当化したり、整合的に百科事典のような書物を作った人物ではなくて、何よりもまず霊的な師だった。聖書の洞察、教父の洞察、それからギリシア哲学の洞察を結び合わせる、すなわち、理性の及ぶ範囲のことと、理性を超えるところにある宗教的な洞察とを絶妙な仕方で結び合わせることによって霊的なビジョンを与えてくれるマスターなのだと。これが現代に至るまでトマス評伝の決定版とされている書物の基本的な視座なのです。

そもそも、なぜトレルがそんな本を書いたのかと言えば、欧米の神学が抽象度の高いものになってしまい、スピリチュアルな側面との結びつきが失われつつあり、それを取り戻すための橋頭堡《きょうとうほ》のようなものとしてトマスを活用することができるのではないか、という発想があったからです。これはキリスト教とか神学というものを、現在の危機に生かし得ると考えるときの、非常に重要な視点だと思うんです。

単に「人に親切にしましょう」といった標語的なことだけでもなく、そこから全く切り離された抽象的な神学というのでもなくて、その二つを架橋するもの。つまり、周りの人に手助けするという日常的なことが神学的な大きなビジョンともつながってくるような開かれた視野を与えてくれるものとして、古典的な神学の中に埋もれている何かを現代に生かしていくことができるのではないでしょうか。

ところで、若松さんは徳の話もしてくださいました。現代の日本語で徳というと、どこか型にはめられた堅苦しいイメージがある一方で、西洋哲学では、古代以来、徳を身につけることによってこそ、真の喜びが得られるとか、この世界の豊かさがありありと感じ取れるようになるという意味のことが語られてきたわけです。徳というもの、もともとギリシア語の arete《アレテー》というのは「優れていること」という意味だし、人間を型にはめる拘束具みたいなものではなくて、むしろ人間に人間らしい力を与えていくものとして徳という概念が語られてきた。

しかも七元徳と呼ばれるようなものは、ギリシアの四元徳にキリスト教的な超越的ビジョンを付け加えることによって、単に理性を超えた信仰の教えでもなく、逆に単なる世渡り的な世間知といったものでもなく、水平的かつ超越的な広がりを持った柔軟なビジョンを作り上げてきたと思うんです。これは非常に興味深い点ですし、徳というのは現代においても実践的な意味を持ち得ると思います。

若松　前章でふれましたが、言葉というのはいわば叡知のアーカイヴ（貯蔵庫）ですから、ある人にとってそれは途轍もなく豊かなものだと感じられる、その一方で、別な人にとってはただの瓦礫《がれき》の山なのかもしれない。しかし、キリスト教的な目を持った人が儒教の言葉を読み直すことで、儒教の中に眠っている大事なものが表れてくる。
中国文学者の吉川幸次郎[14]が、ある講演の中で、現代で『論語』を読んでいこうと思う人は、『聖書』を読んだほうがいい。『聖書』を本当に読みたいと思う人は、やはり『論語』を読んだほうがいいんだ、ということをさらっと言っているんですが、その通りだと思うんです。彼はこう言っています。

> 私はいつも考えるのですが、「聖書」を読むことによって「論語」はよりよく理解される。また逆に「われわれの時代では」「聖書」だけでは「聖書」は完全に読めないのではないでしょうか。（『論語について』講談社学術文庫）

それは、日本語の『聖書』に用いられている言葉が儒教由来であるということだけでなくて、互いに補完し合えるような何かがあるということですね。

神学者たちの捉えたコロナ危機

山本　スタークに続いて、次はジョン・パイパー[15]という神学者が書いた『コロナウイルスとキリスト』（渡部謙一訳、いのちのことば社）、その次にジョン・レノックス[16]『コロナウイルス禍の世界で、神はどこにいるのか』（山形優子フットマン訳、森島泰則監訳、いのちのことば社）、そしてN・T・ライト[17]という神学者、聖書学者の書いた『神とパンデミック　コロナウイルスとその影響についての考察』（鎌野直人訳、あめんどう）というものを見てみたいと思います。プロテスタントの神学者が書いたものが多いのですが、あまり私が賛同しないものから、より賛同するものへという順序でご紹介したいと思います。

　最初に挙げたパイパーの『コロナウイルスとキリスト』は、コロナに関するキリスト教の立場からの本としては、おそらく最初に翻訳されたものですが、読んでみると結構驚く内容です。コロナという今回の出来事が何を語っているのか、神が何を語ろうとしているのか、それには六つの答えがあるとパイパーは言っています。

　まず第一の答え。「神はコロナウイルスの大流行によって、ほかのどのような大災厄の場合とも同じく、神を軽んじる罪が、どれほど道徳的に恐怖すべき、霊的に醜悪なものであるかを、目に見える物理的な形で世界に示しておられる」と書いています。要するに、世界中の人々が苦しむ大変な事態の背後には、もともと人間が神に対して犯した罪があるのだと言う。普段は目の当たりにすることはないけれども、それがいかに恐るべきものなのかを、神が目に見える形で示しているというわけです。

今回のコロナの事態だけでなく、３・11のような大きな災厄が起きた時にも、さまざまな文脈で、「これは天罰だ」という言い方がされました。何か未曾有の事態が起きると、必ずこのような発言が出てくるわけですが、パイパーのようなキリスト教の神学者においても例外ではないということです。

でも、この第一の答えはまだまだ出発点に過ぎません。第二の答えは「一部の人々がコロナウイルスに感染するのは、その罪深い態度と行動のために、神から下る特定的な裁きとしてであろう」とあります。つまり、コロナの出来事全体は、人類が自然界を破壊したからなどという合理的に説明可能な仕方ではなく、もっと端的に、感染者一人ひとりの罪深さに対する神の裁きとして起きたのだというわけです。

さらに第三の答えは「コロナウイルスは、キリストの再臨に備えさせるために、神から与えられた警鐘である」。コロナウイルスというものは、いかに平穏な生活が当たり前のものではないかということに気づかせてくれた。これをきっかけに、あらためて本当のカタストロフ、つまりキリストの再臨という決定的なことに備えなさいというわけです。

第四の答えは「コロナウイルスは神の雷鳴のような呼びかけであって、私たちが皆悔い改めて、キリストの無限の貴さを中心に人生を立て直すことを求めている」。これは比較的穏当に思われるかもしれません。

第五の答えは「コロナウイルスの大発生は、ご自分の民に対する神の呼びかけであって、私たちが自己憐憫と恐れに打ち勝ち、勇敢な喜びをもって愛のよいわざを行い、神の栄光を現すことを求めている」。つまり、世界中の人々が大変ななかで、愛のわざを行いなさいと言う。これはいかにもキリスト教的なメッセージですよね。『聖書』を見れば、確かにさまざまな悲惨な出来事が起こるその背景に、人々の罪があると語られているように読める部分もあるわけです。このパイパーの本においても、そういう箇所からある種の極端な答えを引き出している部分もあれば、この第五の答えのように、穏当な答えを述べている箇所もあります。

最後の第六の答えは、次のようなものです。「コロナウイルスによって、神は現状に根をおろしてしまっている世界中のキリスト者をこれまでのあり方から解き放ち、何か抜本的な新しい働きを行わせ、また、世界の末伝の人々のもとにキリストの福音を携えて送り出そうとしておられる」。つまり、コロナの危機こそ、キリスト教があらためて多くの人に届けられる絶好の機会だという見解ですね。

私がそもそも最初に神学の多様性を言ったのは、キリスト教というのはこのように、現在起こるさまざまな出来事を『聖書』と結びつけたりしながら、宗教的な文脈以外では生じにくいような極端な解釈をするものだとは思っていただきたくないからです。じっさい、のちに見るライトという神学者などは、こうしたパイパーのような考え方をはっきりと批判しています。

次にご紹介したいのは、ジョン・レノックスの『コロナウイルス禍の世界で、神はどこにいるのか』という本です。レノックスはオックスフォード大学の教授だった人物です。専門は数学で、科学と神学の関係に関心を持っていた。オックスフォードには当時、有名な生物学者でキリスト教批判の急先鋒でもあったドーキンス[18]がいました。そのドーキンスの論敵でもあったのですが、専門的な神学者ではなく、よくも悪くも少し素人っぽいところがある人です。コロナの危機を述べるうえで、次のように言っています。

創世記第三章で起こったのは、人が神を拒絶し、罪が世に入ったことです。その結末は、とりかえしのつかないものとなりました。死が入り込んだのです。まず、神と人との関係に亀裂を生じさせる霊的な死で、その後に肉体的な死です。加えて、自然にも同様のことが起こり、破壊されました。

「創世記」第三章は、アダムとエバが楽園の木の実を食べて、罪を犯す場面ですね。レノックスは、「大地は、あなたに対して茨とあざみを生えさせ、あなたは野の草を食べる」（「創世記」3章18節）という言葉を引用しています。要するに、『聖書』の言葉に基づいて、地震のような天変地異も含めた自然界のさまざまな乱れは、結局は人間と神との関係の調和が乱されることによってもたらされたのだという、ある種の神学的な発想をレノックスは読み取るわけです。このようなことを語っている章にレノックスが「愛の神がいるのなら、なぜこのような事態が起こるのか？」というタイトルをつけていることからもわかるように、彼は、世界的なパンデミックが起きるからといって、神が存在しないということにはならない、むしろ自然界の乱れというのもキリスト教的に説明することができる、と言おうとしているのです。

そのうえで、「もしこの出来事が、私たちの目を、長いこと無視し続けてきた神に向けさせるのなら、コロナウイルスは、引き起こした大規模破壊にもかかわらず、私たちが神と出会うきっかけをもたらすとも言えるでしょう」と述べています。

　これはパイパーが言っていた後半の見解ともつながりそうな主張ですね。要するに、コロナ禍は確かに悲惨な出来事ではあるけれども、その悲惨さに直面することを通じて、私たちは神と出会うきっかけにも導かれているという発想です。よくも悪くもパイパーと比べると薄い主張ですが、基本的な発想としては二人とも同じ枠内にあることがわかると思います。

若松　じつに衝撃的なお話でした。全体的に、コロナウイルスという特定できるウイルスが原因で今の私たちの危機がある、という論調に聞こえたのですが、それは私の――おそらくは山本さんの――実感と異なるものだと思うのです。いま私たちはコロナ危機を経験しつつ、それを扉にした別種の危機に直面しているのではないでしょうか。

　過去を振り返れば一九一八年から一九年にかけて、スペイン風邪が流行《はや》りました。当時も今と同様に大きな危機だったはずで、きちんと調べればその危機をめぐって語られた言説はそれなりに出てくるでしょう。でも、おそらく今のような、あえていえば表層的な言葉はなかったと思うのです。もちろんスペイン風邪が第一次世界大戦の終わりに重なったことも一因だと思いますが、危機というものの捉え方はもっと深く、異なるものだったのではないかと思います。

コロナという感染症がなくなれば現在の危機が終わるかのように捉える人が多いかもしれません。しかし本当は、私たちはもっと根源的な危機に直面しているはずで、むしろ現在の危機をウイルスに起因させることは何か大きな罠のように思います。こうした視座に立って考え始めると未来にこそ、答えがあるように感じられてもきますが、私の実感はそれと著《いちじる》しく異なるものでした。

もちろん、ワクチンや薬剤のような科学的なものは進化のなかに光を求めていくことができるし、その方がよいのでしょう。しかし、進化ではなく、「深化」の意味と可能性を考えるとき、私たちの対話の相手は歴史、書物でいうと古典と呼ばれるものになっていくのではないでしょうか。

事実、コロナ危機の間、読むことにおいて、私はどんどん古いものに帰っていった。今を照らし出すものは、新しい知見の中には少ないという事実を発見していく日々でした。むしろ今までは読めていなかった本、あるいはあまり深く交わることができなかったようなものがとても近く感じられてくるという経験だった。ですから、今の山本さんのお話を聞くと、そんな本が出ていたのかと驚いたくらいです。

「ポストコロナ」という言葉が跋扈《ばっこ》したことがありましたが、「ポストモダン」とも似ていて、コロナ危機、あるいは、近代の本質を認識しないまま「ポスト」が語られたという思いをぬぐい去ることができません。

確かに、今回のコロナという危機に際して、キリスト教がしっかり応答しなかったことは大きな問題なのではないでしょうか。プロテスタントもカトリックも、この大きな危機に神学的にどう向き合うのか、言葉できちんと語ることができなかった。東日本大震災のときもそうでした。危機ということと、自分たちの信仰がどのような関係にあるのかを真正面から語ることがなかった。

今、ある意味では現象的な言葉がインパクトを持つ状況にあるけれども、そういう状態はとても不幸だと思います。語るべき人がもう少し語らなければいけない。世界を見渡せば、もちろん、教皇やメルケル首相[19]（当時）に象徴される人たちもいます。しかし、こと日本において考えてみると、もう少し宗教者が語るべきだったという思いを強く持っています。それはキリスト教だけではなくて、仏教も含めてです。

ある知と別の知について

若松　話は少し変わりますが、山本さんがアリストテレス[20]についての講座を行っていて、私はそこに参加するためにアリストテレスを再読したのです。素人なりの発見があるかもしれないので、少しお話をすると、『魂について』という本の冒頭でアリストテレスが面白いことを言っているので読んでみたいと思います。

> 知るという活動は美しく、また貴いものの一つであるが、しかしその厳密さという観点から、あるいはその対象がいっそう善いもので、より驚嘆すべきものであるということにおいて、ある知は別の知よりもいっそう美しく、また貴いものであるとわれわれは考える。（中畑正志訳、京都大学学術出版会）

一見何気ない文章ですけれども、問題は「ある知は別の知よりもいっそう美しく、また貴いものであるとわれわれは考える」という一節は、あらゆる「知」が相対化される現代においてとても重要な示唆を与えてくれると思ったのです。世にある知と別の「知」が存在する。神学というものが、あるいは神学の歴史が照らし出してくれるのは、日頃の私たちの知とは次元を異にする「知」だと思います。それは決して知識には還元し得ない「叡知」だといえるのかもしれません。

今回、コロナ禍でいろんなことを考えて、ふと、すごく基本的なことですけれども、本来は神学的と表現しなければいけないところを、近代ではおよそ哲学的と表現してきたのではないかと思い至ったのです。神学的な見地に基づかなければ私たちにもたらされなかったことであろうにもかかわらず、哲学的と言うことで事を収めてしまっているところが多かったのではないか。つまり、神学という営みがなかったとしたら、私たちに叡知としてもたらされなかったであろう「知」について、もう少し繊細に考えていく必要があるのではないかということです。

哲学と神学を峻別したいのではないのです。今日の哲学も神学との対話、対決なくしては、そのはたらきを十分に果たすことができないのではないか、ということなのです。アウグスティヌス[21]の『告白』は、単に神学の書であるといって終わりにはできない。そこには後世の人の「告白」をはるかに凌駕《りょうが》する文学性もあるし、時間論に象徴されるような哲学的な深みもあるわけです。私たちは神学と出会い直すことによって、叡知の源流と呼ぶべき場所に還《かえ》る糸口を見いだすのではないでしょうか。

次に『言葉の鎖』というトマス・アクィナスの言葉を集めた本の中から一文を引いてみたいと思います。ドイツ人の神父が訳していて、日本語としては、少しこなれていないところもあるのですが、内実としては、とてもいい本で、そこには、次のようなトマスの言葉が引かれています。

> 低いものについて確実な認識を得ることよりも、ささやかながらも崇高なものについて認識を得るよう憧《あこが》れることが大切である。（ヨゼフ・ピーパー編著『言葉の鎖　トマス・アクィナス』フリードリヒ・ビールブセ訳、エンデルレ書店）

低いものに、すなわちこの世的なものに対して万全の知識を獲得するよりも、神についてごくわずかなものを認識していくことに憧憬を覚える、それが重要である、そうトマスは考える。これほど神学の可能性を端的に語っている言葉はないと思うくらいです。

ある人はもしかしたら、それはアリストテレスも考えていたことだ、と言うかもしれない。そうだとしたら、アリストテレスの「哲学」は、今日でいう哲学を、創造的な意味において大きく逸脱していたということになると思います。

私たちは哲学という言葉を人間の営みとして、神学をそれとはまったく別個のもののように考えているけれども、その歴史をさかのぼると必ずしもそうとはいえない。やはり、プラトン、アリストテレス、あるいはプロティノス[22]のような人物は、人間を超えたものの光に照らされながら、人間を超えたものを考える営みとして哲学を捉えている。

そう考えると、哲学と神学のあわいには、じつに豊かな叡知が眠っていることが分かる。そして、その場に立ったとき、人はもっとも創造的な意味で謙虚に、神学的にいえば敬虔になれるのだと思うのです。

最近、必要があって上田辰之助[23]という経済学者の本を読んだのですが、とても面白かったのです。上田はトマス・アクィナスの経済学を研究した人で、政治家の大平正芳[24]の大学時代の指導教員ですが、彼の中には、トマスの神学こそが私たちの生活を根底から支えるものになっているという確信がある。

経済学は今日、お金をもうけるための道具になり果てているけれども、本来はそうではなくて、私たちが世界観ばかりか宇宙観のようなものを含めて構築していく道程こそが経済学である、と語っているのです。上田はクエーカーです。上田は新渡戸稲造[25]に出会ってキリスト教の道に入る。新渡戸もクエーカーです。しかし、上田は研究者としては、カトリックの聖人であるトマスに魅せられ、その経済哲学というべきものを語っている。

彼は、トマスを引きながら、「善き生活」と、「十分なる生活」と、「正しき生活」という三つの生活が大事なのだと語っています。ただ、「善き生活」といっても、これは自分にとって善いというのではなく、神の前において善い生活ということです。「十分なる生活」というのも、物的に十分であるということではなく、私たちの霊と肉の両方にわたるものとして十分でなければならないと言う。「正しき生活」というのは、自分だけよければいいというのではなく、隣人とともにある生活だというわけです。

この三つは、今回、私たちがまさに根底から危機に直面しているものだと思います。その意味では、何も新しい問題でもなくて、私たちは古くから語られていることを見過ごしていただけなのかもしれないのです。

失われたロゴスを取り戻す

若松　古く、かつ新しい問題ということで、私が強く疑義を感じるのは、現代では、「ロゴス」が見失われているのではないかということです。

「ロゴス」は、言葉と訳されることが多いのですが、言葉に限定されない意味を持っています。誤解を恐れずにいえば、言語としての言葉はロゴスの周縁にある、とさえ考えることができる。ロゴスは、むしろ、言語である言葉を包む「生ける意味そのもの」です。ですから、ロゴスが見失われれば、もちろん私たちの言葉とは何かということも見失われていく。だから、今こそロゴスを取り戻さなければならない。

そうしたことを強く思ったきっかけは、現代の心理学、サイコロジーがサイコロジーではなくなっているという実感があったからです。

サイコロジー（psychology）はプシュケー（psyche）、つまり心や魂のロゴス（logos）であったはずなのに、プシュケーもなくなればロゴスもなくなった。心／魂《プシュケー》が、いつしかどこかに行ってしまって、人間を症状において理解する、対応するためのマニュアルのようになりつつある。魂とは何かという問題とロゴスとは何かという問題が、サイコロジーの現場からは消えてしまったという強い実感があるのです。

そして、神学、テオロジー（theology）においても、もしかしたら同じことが言えるのかもしれないと思ったのです。本来であれば、テオス、すなわち「神」のロゴスというものをもっと原意に近いかたちで捉え直す必要があるのではないか、と思うのです。

「はじめにみ言葉があった」という「ヨハネによる福音書」の一節のように、神を生きた言葉でとらえ直すのが神学の大原則だと思うのですが、それが現在は剥製のような言語的な言葉で語られるところにとどまっている場合が少なくない。神学とは何かを考えていくとき、まず、ロゴス感覚のようなものを取り戻していくことが大切なのではないかと思っています。そこに「神《テオス》」への道も開かれるのではないでしょうか。

山本　そうですよね。キリスト教徒ではない日本の多くの人が、神学的なものに触れたことがないかというと実はそんなことはなくて、例えば井筒俊彦[26]さんの『意識と本質』のような書物を読むことを通して、結果的に神学的なものに触れたという人は結構いると思うんです。

一方では日本語で読めるキリスト教の本の多くは、ものすごく素朴な、神学というよりも人生論のようなものになっており、他方少し専門的なものになると、まさに心理学がそうであるように、実証的な歴史学のようなものになってしまっている。たとえば『旧約聖書』の「創世記」の第一章第一節から第二章第四節の前半までは神のことをエローヒームと呼ぶ祭司資料（P資料）であり、他方、第二章第四節の後半から第三章までは神のことを「ヤーウェ」と呼ぶヤーウィスト資料（J資料）なのだ、複数の資料が混ざっているから人間の創造についての話が二回出てくるのだ、などと実に細かい実証的な話がなされたりして、確かにそこにはある種の面白さがないことはないし、学問的にはとても意味のあることなのですが、でも、われわれがいろんな危機に直面する時に訴えかけてくるような力強い言葉が語られているかというと、必ずしもそうではない。ですから、神学というのはもともとテオロギアであるにもかかわらず、ロゴスが失われているというのはそのとおりだと思います。「神学」と訳される「テオロギア」というギリシア語は、「神」を意味する「テオス」という単語と「言葉」「論理」「学問」を意味する「ロゴス」という単語が組み合わされて成立した言葉であるわけですから、本当に皮肉なことです。

最初に挙げてくださったアリストテレスの『魂について』は、ギリシア語では『ペリ・プシュケース』なわけで、まさにプシュケー、つまり魂について語られているわけです。でも、サイコロジーも語源がプシュケーだからといって、『ペリ・プシュケース』を「心理学」とは訳せない。現代の実証的で実験的な心理学に対置させるならば、魂、霊魂という言葉を使って、「魂論」「霊魂論」と言わないと、現代の心理学と違うということは示せなくなっていると思います。

そして上田辰之助は『聖トマス経済学』という本を書いていて、多くの人にとってトマスと経済学というのは意外な結びつきなわけですが、実は経済学、エコノミクスという言葉は、もともとオイコノミアというギリシア語の神学用語に由来しています。オイコノミアは、「家」を意味する「オイコス」と「管理する」とか「分け与える」といった意味の「ネモー」という言葉から成り立っています。神が世界全体を家のようなものとみなして、どういう働きを及ぼしているのか、という意味ですね。「神学」というものが意外なところで私たちに身近な言葉と深くつながっている典型的な事例と言えるかもしれません。

知ることの喜び

山本　もう一つ、若松さんがお話しされたトマスとアリストテレスは、単にたまたま似たようなことを言っているというのではなくて、実際に非常に深く結びついているんです。若松さんが挙げてくださった『言葉の鎖』からの引用は、トマスの『神学大全』に由来するものですが、たとえば日本語にも翻訳のある『ボエティウス三位一体論註解』のなか で（第二問題第一項）、トマスはこれと似たことをアリストテレスの引用とつなげて語っているんです。アリストテレスの『ニコマコス倫理学』の第十巻の終わりのほう、第七章と第八章が、観想の話になるわけですが、そこに次のような言葉があります。

> われわれは、「人間であるかぎり、人間の事柄を考えよ」とか、「死すべき者であるかぎり、死すべき者の事柄を考えよ」と助言する人たちにしたがうべきではなく、むしろできるかぎり自分を不死なものにすべきであり、自分自身の内にあるもののなかでも最もすぐれたものにしたがって生きるよう、全力を尽くすべきである。なぜなら、それはたとえ大きさの点で小さなものであるにせよ、力と尊さにおいて、あらゆるものをはるかに凌いでいるからである。（朴一功訳、京都大学学術出版会）

トマスは、この箇所とつなげながら神を知ることの重要さについて次のように語っているのです。

> 人間の完成は神に結合されることにあるから、人間は自己の全能力を用いて能うかぎり神のことがらに導かれ、知性は神のことがらの観想に、理性はその討究（inquisitio）にいそしまねばならない。それは『詩篇』第七二篇二八節に「私にとって神に忠実に留まることはよきことである」と言われている如くである。それゆえ、

哲学者は『倫理学』第一〇巻において、人間は諸々の神的なるものに関わるべきではなく、もっぱら人間に関することがらにのみ終始すべきである、と言っていた人々の言説を斥けて、『人間であるかぎり、人間の事柄を考えよ』とか、『死すべき者であるかぎり、死すべき者の事柄を考えよ』と助言する人たちにしたがうべきではなく、むしろできるかぎり自分を不死なものにすべきであり、自分自身の内にあるもののなかでも最もすぐれたものにしたがって生きるよう、全力を尽くすべきである」と言っている。（トマス・アクィナス『神秘と学知――『ボエティウス「三位一体論」に寄せて』翻訳と研究』長倉久子訳註、創文社、『ニコマコス倫理学』からの引用部分は、朴一功氏の翻訳に合わせた。）

トマスの時代に、「哲学者」と単数形で言えば、それはアリストテレスのことを意味していました。このテクストで、トマスは、元来キリスト教とは直接関係のない古代ギリシアの哲学者であるアリストテレスのテクストを呼び出しながら、人間が自分を超えた神のことを深く探求していくことの重要性について語っているわけです。トマスのこのテクストにおいては『旧約聖書』の「詩篇」からも有名な言葉が引用されています。ギリシアに由来する哲学と聖書の言葉とを自在に結びつけながら、トマスは「神」を探求することが人間にとって有する意味を浮き彫りにしようとしているわけです。

そして、「神」について知るということを考えるとき、トマスの場合、「喜び」というものが軸になっているのがとても重要なことなんです。アリストテレスの『形而上学』も「知ることの喜び」という話から始まるわけですが、何か抽象的な知識を求めるとか、キリスト教を正当化しようということだけでなく、人間の心を最も満足させる、人間をはるかに超えた高い事柄、「神」と呼ばれるような事柄について少しでも知ることができれば、とても大きな喜びにつながるのだと。それが、少なくともトマスの場合に大きな軸になっていることは重要な点だと思います。

若松　「喜び」はとても重要な問題ですね。自分の欲しいものが手に入ったという喜びとは、まったく次元を異にする「よろこび」。私も先ほど、ある知ともう一つの別の「知」という話をしましたけれども、ある意味においては、私たちが日頃考えてもみないような「よろこび」が、神学的次元において用意されている、私たちを待っているのかもしれない。そうした期待というか予感があります。

というのも、日本では『悦ばしき知識』と訳されているニーチェ[27]の本がありますが、英

語のタイトルは *The Gay Science* になっているんですね。このgayに含まれる「悦ばしい」という感じが気になるわけです。

この国では、神学に対する態度が浅いからなのか、知るということの「よろこび」がどうもうまく捉えられていないように感じるのです。ニーチェは、神学の対極にいるように見えますが、対極というよりも、別なかたちだと思うのです。あれほど神を、あるいはキリストをめぐって言葉を紡いだ哲学者はそう多くありません。たとえ、それが批判の言葉であったとしてもです。

この国では、ニーチェを読んでいるほとんどの人が、およそ神学などにはふれないまま終わっている。むしろ、ニーチェの言葉をもとにキリスト教を考える人もいる。それは、ニーチェの闘いの現場を無視して、ニーチェの辿《たど》りついた場所から出発しようとする、効率に目を奪われた現代人の悪癖です。神学の歴史を無視して哲学史の中だけでニーチェを語るというのは、大きな無理がある。ニーチェだけでなくハイデガー[28]においても同じです。若きハイデガーの神学的研鑽は彼の哲学に大きな影響を与えていますし、カール・ラーナー[29]という神学者はハイデガーなくして、自分を含む「今日のカトリック神学は、現にあるとおりの状態においては」存在しえなかった、というとても印象的な言葉を残しています

（『ハイデッガーは語る』R・ヴィッサー編、川原栄峰訳、理想社）。

山本　英語のタイトルが *The Gay Science* だったとは知らなかったんですが、日本語で二〇一七年に出された新訳のタイトルが『愉しい学問』（講談社学術文庫）で、それは結構衝撃を受けたんです。でも *The Gay Science* と聞くと、それも輪をかけて衝撃的ですね。

若松　science という言葉の原義は、「本当の知識」というほどの意味ですけれども、今だと社会科学というジャンルの意味としてしか使われていない。欧米の知識人の中には、まだ science という言葉に違う語感を感じる人も残っているのかもしれないですけど、一般的にはもっと狭い意味に捉えられていますね。

山本　science と訳されている原語はドイツ語の Wissenschaft で、「知る」を意味する wissen が含まれています。ラテン語では scientia という言葉になりますが、scio も「知る」を意味します。science を「科学」などと訳すと非常に固定的な、ある特定の領域の知のような意味になりますが、もともとは「知ること」という、もっと動的なあり方なわけです。

若松　動的でなければ、もう一つ「知」たり得ない、ともいえそうですね。「ヨハネ福音書」にも、イエスが「私は私を遣わした人を知っているけど、あなたたちは知らない」という話が出てきますよね。「知る」という言葉が、『聖書』、特に「ヨハネ福音書」を読んでいると、とても高いところにある。でも、「知る」という営みも言葉も、とても低いところにもたらされているのが近代であり、現代だと思うんです。「知る」という営為と意味をもう一度回復していく、そして、「知る」ことの次元をもう少し繊細に認識することが急務なのかもしれません。

山本　そうですよね。だってトマスだけではなく、キリスト教の神学の基本には、顔と顔を合わせて神を知ることが、天国における究極的な至福だという捉え方があるわけです。というと、「単に知ることが究極の至福なんですか？」と疑問を抱かれることも多いわけですが、知るというのは『聖書』において、特に『旧約聖書』においてはとても深い意味を持つんですね。

たとえば「創世記」に「アダムはエバを知った」という一節があり、そして子どもが生まれるわけです。ここでいう「知る」は、何かを分かった、というような通常の意味の「知る」ではなくて、全身全霊で知る、その対象を愛する、といった深い意味が含まれているわけです。だから子どもが生まれるわけですね。ヘブライ語で「知る」は「ヤーダー」という動詞なんですが、ヤーダーが意味するのも、全身全霊でつながるような仕方で深く知る、ということなんです。そういう深い喜びは、神との関係において究極を迎えるわけですが、それはやはり単に「知る」という言葉だけでは伝わらないところがあると思います。

過去に原因を求めるのではなく

山本　コロナについて書かれた神学的な本、いずれもプロテスタントの著者によって書かれたものを見ようとしていますが、最初に紹介したパイパーとレノックスの次に、現代を代表する聖書学者にして神学者の、N・T・ライトによるものを読んでみたいと思います。日本語でもいくつも翻訳がある著者ですが、『神とパンデミック　コロナウイルスとその影響についての考察』というなかなかよい本を出しています。一部ご紹介してみましょう。

　彼は自らの専門である『新約聖書』からある有名な箇所を引きながら、コロナウイルスについて誰もが抱く思いを表現しようとします。イエスと弟子たちが生まれたときから盲目であった男に出会ったとき、イエスに弟子が問いかける場面です。

　先生。この人が盲目で生まれたのは、だれが罪を犯したからですか。この人ですか。両親ですか。（「ヨハネによる福音書」9章2節）

ライトはその直前で、「今日、多くの人が持つ、コロナウイルスに関する問いとそれほど違わない問いでした」と言って、今の箇所を引用するのです。コロナ禍が発生したのは誰の罪によるのか、とある神学者たちが言うのと似た問いに対して、イエスは「この人が罪を犯したのでもなく、両親でもありません。この人に神のわざが現れるためです」（「ヨハネ福音書」9章3節）という短い答えをするわけですが、ライトはそれに次のような分析を加えます。

> イエスは、仮説的な原因をふり返ることはしませんでした。むしろ、神がそのことに対して何をなさろうとするかと将来に期待しました。言い換えるなら、この問題について自分は何をするかをイエスは考えたのです。（『神とパンデミック』）

これは『聖書』に表れているイエスの発想を理解するさいに非常に重要なことだと思います。つまり、社会的なことであれ、自分自身の身に起きることであれ、何か悲惨な出来事が起こったときに、「あの時ああしたからだ」とか「誰々が何をしたからだ」とか、過去に遡《さかのぼ》って犯人探しや理由探しをする発想ではない。イエスはむしろ、神がそのことに対して何をなさろうとするのかという未来を見据えた発想をしているのだという。しかもそのさいに、ライトの解釈で重要であり、私も賛同しているのが、ここで「神がそのことに対して何をなさろうとするかと将来に期待しました」というところです。もしかしたら、人間は神が働きかけるのをただ受動的に待っているだけのように聞こえるかもしれませんが、そうではないのです。

ライトはさらに、『新約聖書』の「使徒言行録」から、イエスの死と復活後の弟子たちの宣教活動について述べられた文章を引いているのですが、それを合わせて読むと、ライトの言わんとしていることがよりよく見えてきます。

> まさにこのころ、エルサレムからアンティオキアへの旅をしてきた預言者たちが到着しました。その中の一人、アガボが立ち上がって、（中略）全世界に大飢饉が起こる、と告知したのです。（同前）

エルサレムはキリスト教が誕生した場所ですが、アンティオキアは初期教会の中心地の一つです。パウロが異教徒へ宣教活動を繰り広げる拠点になった場所でもあります。さらに、「キリスト者」という言葉が初めて使われるようになったのは、このアンティオキアである、とも「使徒言行録」には書かれています。このキリスト教徒の中心地の一つであった場所にたどりついた預言者たちが、これから大飢饉が起こりそうだと言いだした。

それに対して、アンティオキアにいたイエスの弟子たちは、どう応答したのかと言うと、「『私たちが罪を犯したので、悔い改めが必要だからこんなことが起こったのだ』とか、『すべての人が罪を犯しているので、これは、悔い改めの必要を広く世界に伝える絶好の機会になる』などと言いませんでした」とライトは言うのです。

人間が罪深いから、あなた方が悪いことをしたからこんなことが起こるんだ、などとは言わなかったと言う。ライトはここでは明言は避けていますが、他の箇所を結び合わせて読むと、今回、一部の神学者たちは、「このコロナという出来事は人間が罪深いから起きたのだ」と、最初に紹介したパイパーのようなことを言っているけれども、そのような捉え方は『新約聖書』的な発想ではないということが『聖書』を読めばよくわかる、と言おうとしているわけです。

アンティオキアの教会の人たちは、「私たちに何ができるのか、誰をエルサレムに送り、どうやって助けようか」と非常に実践的な声しか発しなかったと言ったうえで、ライトは次のように言います。

> これを見て、これは神学的な対応ではない、ただの実用的な対応に過ぎないと思う人がいるかもしれません。しかし、この対応は「神学的でない」と対応することこそが、実は「神学的でない」のです。なぜなら、神の王国の重要な原則の一つである、「イエスを通して発足した神の王国は、被造物を本来あるべき姿に回復させる」ということと、意図せずここで重なっているからです。（同前）

「神の王国の原則」には補足が必要ですね。この前後の文脈でライトは「神はつねに、神に忠実な人間を通してご自分の世界に働きかけたいと願っています」と言っていますが、これはパウロの言葉に基づいています。神は人の働きを通じてこの世界に働きかけ、神の愛というのは人の愛という仕方で現れるのだと。もっと言えば、これはキリスト教神学でいうところの「受肉」、つまりイエス・キリストというのは神が人になったものだという発想にもつながってきます。

キリスト教の根本的な発想として、神は人として現れるということがある。イエスだけではなく、神の働きというのは、神の働きを受けている人の働きを通じて現れると考えるわけです。だから困難に直面したときに大事なのは、過去に遡って犯人探しや理由探しをするのではなく、今ここで為すことができる愛のわざは何なのかを見極め、それを実践する人のわざを通じて神のわざが実現されていくことであると。ライトは、これこそ聖書的な発想だと言わんとしているわけです。

つまり、コロナの問題が起きたときに、人間の罪が裁きを受けたのだとか、これはキリスト教を宣教する絶好の機会でもあるというような仕方で捉えるのではなくて、身近な一人一人の困っている人に対して自分は何をできるだろうかと、キリスト教がなくてもできるとも言えるようなプラクティカルな行為をしていくことこそが、むしろ神学的にも基礎づけられたキリスト教的なあり方だと言う。これは非常に洞察力があるし、しかも『聖書』の的確な解釈にも根差している。そういう意味で、もし神学というものが意味を持ちうるとすれば、ライトが展開しているようなものこそ現代において意味あるものの一つと言えるのではないかと思います。

若松　今の「ヨハネ福音書」の箇所はとても印象的な言葉ですよね。この場面に接すると思い出すのが、近藤宏一[30]さんという、神谷美恵子[31]に決定的な影響を与えた人のことです。

長島愛生園というハンセン病療養施設に長く暮していた人物です。彼は仲間と青い鳥楽団という活動をしていた。

近藤さんも仲間も、ハンセン病の経験をしていて、目が見えない人も少なくない。指の感覚もなく、点字音譜を読むこともできない。そこで彼は舌で点字を読むわけです。点字には突起があるので、読むと血だらけになってしまう。それでも彼は二つの書物を読むためにそれに耐えた。一つは『聖書』、もう一つは友達と音楽をするための楽譜です。さらに彼は読めない人に自分が読んだものを語るということをもしました。

その人の生きざまを見ながら、神谷美恵子は『生きがいについて』（みすず書房）という本を書くことになる。

近藤さんがキリスト者になっていく時の決定的な経験というのが、さきほどの「ヨハネ福音書」の箇所なんです。自分がハンセン病を患ったのは、あるいは目が見えなくなり、体に不自由を抱えたのはなぜなのかという問いの中で、イエスが「この人が罪を犯したのでもなく、両親でもなく、この人に神のわざが表れるためだ」と言うところに打たれ、彼は彼自身の道を歩み始めることになるのです。

今、私たちはコロナウイルスという特定のものに注目しがちですけれども、コロナにかかった人は罪深い人である、というような論理は、ひいては亡くなる原因が病であれ、事故であれ、その人個人の罪として語られることにつながりかねないからとても怖いですよね。たとえば癌《がん》になった人がいて、癌になった理由はあなたが罪深いからだ、という話になってしまうと、苦しむ人をより苦しめることになる。それだけでなく、その言葉そのものが愛というものからいちばん遠くなっていく。しかし、宗教の歴史を見てみると、そういう言説は幾度も繰り返されてきたわけです。その時代その時代に何かとても深刻な病、あるいは深刻な試練を背負った人たちを、キリスト教も含めて宗教が疎外してきた歴史は無視できない。同じ過ちを繰り返すべきではないということを、山本さんの話を聞きながら強く思いました。

コスモロジーを取り戻す

若松　もう一つ思ったのは、神がもし私たちに求めてくることがあるのだとしたら、それは解答を探すことではなくて、応答ではないかということです。「アンサー」よりも「レスポンス」であるということです。神学的態度というのは、解答を出すことをある意味で諦めて、真摯に応答していくことではないか。その深度を深めていくことではないか。

解答というものはなく応答だけがあって、応答が進化していく歴史こそが神学なのではないかと思うのです。

それで、先ほど大平正芳に少しふれましたが、大平が信仰的に大きな影響を受けたのが内村鑑三[32]です。大平は、内村だけでなく、矢内原忠雄[33]の勉強会に参加したり、賀川豊彦[34]とも関係がとても深かった。

大平正芳は、自分の世界観は楕円だと言うんです。楕円的に考えること、つまり、美しい、完全を思わせる円の中で何かを見出していくよりも、あるものとあるものとに引っ張られる緊張関係の中に答えを見出していく楕円的思考が根幹にあるのだというのです。過去と未来にある緊張関係の中に今を見出すとか、あるいは国と民衆とのある緊張関係の中で政策を決定していく、そう大平は語る。彼の評伝や研究を読むと、楕円の哲学として必ずといってよいほど言及されるのですが、その楕円的思考が形作られた経緯はほとんど論及されていないのです。いろいろ調べてみたら、内村が楕円をめぐって面白いことを言っているんです。

余がかつて本誌(『聖書之研究』)において述べしごとく、キリスト教的真理は円形で

> はなくして楕円形である。円形は一個の中心点を有し、楕円形は二個の中心点を有す。神は愛なりと解し、万物を愛をもって解せんとする、これ円形である。神は愛なりまた義なりと解し、愛と義とをもって心霊的宇宙をえがかんとする、これ楕円形である。しかして余の見るところをもってすれば、キリスト教的真理は哲学的真理と異なり、円形にあらずして楕円形である。（「神の忿怒と贖罪」『内村鑑三信仰著作全集12』所収、教文館）

彼にとって円形は、答え、解答がある世界だった。一方で楕円形は、愛と義の中の緊張と均衡、あるいはうごめきがある世界だったのでしょう。

ここに「心霊的宇宙」という言葉がありますが、私たちにとって重要なのはイデオロギーではなくてコスモロジーなのではないかと思うんです。これは河合隼雄[35]が鎌倉時代の僧である明恵《みようえ》[36]をめぐって言っていることでもあるのですが、宗教の本義はコスモロジーの顕現にあるのであって、イデオロギーの提示にあるのではないと思うのです。むしろ、そうなってしまったら、そこに神学の堕落が始まる。神学はコスモロジーの方向に進展していくとき、健全なかたちを保ち続けることができるかもしれない。しかし、イデオロギーになってくると、とても危険だと思うんです。

最近、夜寝るときにウィリアム・ジェームズ[37]を読んでいるのですが、彼はその人の人間を決定しているのは宇宙観（view of the universe）だという。それはある種のコスモロジーと言い換えてもよいものです。これはまるで現代を予見しているようです。

現代人はイデオロギーに慣れていて、コスモロジー的言説に慣れていない。イデオロギッシュに話されると人がそちらに向かって一斉に動いていく。そして、別なイデオロギーが出た時にはまたそちらに向かって動いていく。でもそうではなくて、ある緊張と均衡を持った宇宙観、コスモロジーを提示するというとても大事な役割が神学には残されていて、それはこういう危機の時代にこそ大事ではないかと感じています。もう一歩突っ込んで言えば、イデオロギーは、とても危険です。過激な動き方をして、過激に世の中を変えていこうとする時、必ず弱い人が大きな苦しみを背負うことになるわけですから。

さらにここでふれてみたいのは、いま再読しているカール・バルト[38]です。カール・バルトは危機の神学だから読み始めたということでもないんですが、改めて読んでみると、これまで言われてきた〝二十世紀最大の神学者〟というバルト観と、自分のバルト観との間に大きな開きがあることに気づかされました。私の中には理論を唱えた人というよりも、時代に強く応答した人というバルト観があります。

あるとき、バルトが「不死性」ということを語る。死なないということの神学的意味をめぐって話をするのですが、それが時代的であるとともに普遍的なのです。多くの人が亡くなっていき、遺族が残されていく中で、キリスト教の伝統の中で語られ続けてきた不死性というものが、もう一度確かな声で語り直されるべきではないかと思います。バルトはこう語っています。

> 不死なるものであるのは、それが特別な性質によって全く死ぬ可能性を持たず、したがってまた、死ぬ必然性を持たないがゆえに死ぬことがないであろう存在のことです。不死なるものであるのは、死によって一切触れられることのない、いわんや死のもとに服することなどない存在のことです。（「不死性」『聖書と説教』所収、天野有編訳、新教出版社）

ここで問われているのは「永遠の命」という問題です。私たちは今、ある意味では大きな死の危機に瀕していて、これまで経験したことのない死の危険というものを、文字通りの意味で、人類的に抱えている。その時に、人間の内にあって不死であるもの、人間の存在の根底には死によっても脅かされない不死なるものがあるということを、神学者、あるいは宗教者たちは、バルトのようにもっと強く語っていかなくてはならないのではないでしょうか。

バルトにとって永遠は神のはたらき、あるいは神そのものだといってもよいものです。「生ける永遠」です。概念としての永遠ではなく、生ける人間と強く呼応する「生ける永遠」、これはまさに神学的主題です。

山本　なるほど、バルトの話も、大平正芳の思想を形作った内村鑑三の楕円の話も、イデオロギーとコスモロジーという話につながっていくと思うんです。コスモロジーという言葉が若松さんから出てきて、何か非常に啓発的な感じがしました。いま追い求めるべきはイデオロギーではないという発想は私にもあったんですけれども、そうでないものを何と呼べばいいのかはっきりと答えがなかった。でも言われてみれば、コスモロジーですよね。少なくともトマスなどの神学にあったものは、何かそういう人間を包むより大いなるものに包まれていくことによって、おのずと愛の実践へと導かれていくというあり方です。

アリストテレスやトマス・アクィナスの中心概念の一つに、「観想（テオーリア）」というものがあります。このギリシア語はtheoryという英語の語源にもなるものです。theoryは通常「理論」と訳されますね。「理論」と言うと抽象的な感じがしますが、「テオーリア」はもともと、「観る」を意味する「テオーレイン」という動詞に由来する言葉です。観るということ、何か自らを包んでいるコスモス、宇宙、全体のあり方を観ていくこと。それこそ人間に最大の喜びを与えるものであり、人間をふさわしい実践へも促していくということを捉え直すための何かを、コスモロジーという言葉は与えてくれる気がします。一時期、中村雄二郎[39]さんなどが言われていたと思いますが、また積極的に使い直すことができそうだという気がしました。

ベネディクト十六世と教皇フランシスコ

山本　「観想」というと浮世離れしていて、先ほどまでお話ししていた、困難のなかにある他者との関わりといった実践的な問題とはあまり関係ないのではないかと思う人もいるかもしれませんが、そういう人にご紹介したい前教皇ベネディクト十六世の言葉があります。

> グレゴリオは、よい司牧者は観想に根ざしていなければならないといいます。そうであって初めて司牧者は人が必要としていることを受け入れ、それを自分のものとす

ることができるからです。「こうして彼は心からのあわれみにより人の弱さを自分のものとすることができる」。このことに関連して、グレゴリオはパウロのことを述べます。パウロは神の最高の神秘にまで引き上げられましたが、そこからもう一度下ることによって、すべての人に対してすべてのものになりました（二コリント12・2―4、一コリント9・22参照）。グレゴリオはモーセの模範のことも指摘しています。モーセは何度も幕屋に入って、神と対話しました。それは、神のところから戻って、神の民に仕えるためでした。「（天幕の）中で彼は観想によって高く上げられた。天幕の外で、彼は苦しむ者を助けようと努めた」。（『回勅　神は愛』）

このテクストに登場する「グレゴリオ」とは、古代の最も偉大な教皇の一人である大教皇グレゴリオ[40]（五四〇頃―六〇四）のことです。キリスト教において「観想」とは、信仰と愛に基づいて神と深く一致し、世界の根源である神の現存をありありと味わい、そのことに深い喜びを抱くような在り方を意味しています。そして、そのような観想を実践した代表者とも言えるパウロやモーセのような人物は、いわば神の「観想」に安住して、苦しみや不調和に満ちたこの世界に対する関心を失い、逃避してしまうどころか、むしろ苦しみ悩む弱き人々と関わる原動力を「観想」から得ることができたのだとグレゴリオは述べているのです。他者に対して愛を与えようと思う人々は、まずは、愛を賜物として与えられなければならない、すなわち、愛そのものである神を観想することによってこそ、この世界において愛の具体的な関わりをするための持続的な活力が与えられるということを、ベネディクト十六世は、グレゴリオの言葉の力を借りながら述べているのです。「観想」と「実践」が統合されたこのような在り方は、キリスト教においては特殊なものではなく、教皇フランシスコもまた、深い霊性の人物であり、だからこそ、前章において述べたように、コロナ禍が始まった混乱の真っ只中において、「無関心のパンデミック」というような、持続的にインパクトを持ち続ける言葉を語ることができたのです。「保守派」と「リベラル」というような仕方で単純に対立させて捉えられることのあるベネディクト十六世と教皇フランシスコが、「観想」と「実践」の統合という極めて重要な点において相通じるところがあるのは、実に興味深いところです。

若松　ベネディクト十六世と教皇フランシスコの関係は、とても摂理的だと思います。ベネディクト十六世が教皇を辞めることによって教皇フランシスコが誕生する。その道程にはじつにドラマティックな出来事があった。その一部が『2人のローマ教皇』[41]という映画に描かれています。

そもそも、二人は、まったくといってよいほど異なる霊性を生きてきた。まさに水と油だった。しかし、深い対話を経て、信頼を深めていく姿がじつに精妙に描き出されています。結論からいうと、時代が教皇フランシスコを求めたという言い方もできますが、ベネディクト十六世が生んだともいえる。もちろん、そこには神のはたらきかけがあるのはいうまでもありませんが。

実は教皇フランシスコの時代になるまで、あまりベネディクト十六世に親しみを持てなかった。そもそも教皇という存在が遠く感じられていました。

ベネディクト十六世の時代だったと思いますが、あるとき二人で話していて、山本さんが回勅を読まないカトリックなどあってはならないと語った。そのときは、何も言わなかったと思うのですが、回勅を読むのは山本さんのような見識の深い人で、多くの人は手にしないのではないかと思っていました。もちろん、私の家にも数冊ありましたが、真剣に読んだことはありませんでした。

しかし、教皇フランシスコの時代になって、それがどれほどもったいないことかが分かるようになった。回勅とは、教皇からの「手紙」なわけですが、読まないでいてはそれをまったく顧みないということになる。それは本来あり得ない。あの山本さんの一言の重みを今は痛感しています。そして、教皇フランシスコの著作や回勅を読むようになって発見したのは、教皇という存在の連続性です。それぞれの教皇の特性もあるのですが、教皇という教会の巌《いわお》としての連続性、持続性も厳然と存在している。

教皇フランシスコの回勅を読んでみると、基本線はベネディクト十六世の時にすでに引かれていて、フランシスコはそれを人々のところにより深く届けるような役割を担ったのだとわかります。たぶん歴史はそのように判断するのだと思うんです。逆に今の教皇の革新性だけを語って、教皇の連続性のようなものを見失うと、とても大きな過ちを犯すのかもしれない。

そして、いま山本さんが奇《く》しくも言ってくださいましたけど、ベネディクト十六世の言葉は、愛という問題を考えていく時には極めて重要ですよね。振り返ってみると、教皇在任中に愛しか語らなかったと言ってもいいくらいです。

山本　最初の回勅も愛をテーマにしたもの（『神は愛』）ですからね。世俗化した現代社会に向けて、「神の愛」について正面から語った。

若松　そして、教皇としては、最後まで愛を語ったわけです。例えば真理と愛という問題を語ったとしても、人間にとっては愛がなければ真理というものは真理たり得ないということすら語った人でした。ベネディクト十六世は、今まさに読み直してみるべき人ではないかと思います。神学的必要性という言い方が適切なのかわからないですけれど、危機を生きる私たちのなかにそういうものはあって、でもあまりそれに応答できていないのが現在の日本の思想的状況だと思うんです。

山本　何年か前ですが、現代思想のある代表的な研究者の人と話をしたときに、現代思想というのはキリスト教神学がやってきたことを、神学の言葉を使わずにあれこれ苦労してやっているようなところがありますよ、ということを言っていて、それはかなりもっともなところがある発言だと思ったんです。

日本ではこれまで、神学というものを正面から打ち出してみるということが行われてこなかった。神学のようなことを語っている人はいても、それは非常に限られた一部の人が読むものにとどまっていた。でもそういう閉ざされたものではなくて、かといって現代思想の専門家が迂回しながら神という言葉を使わずにやるのでもなくて、一度正面から神学的な発想を多くの読者の方々にぶつけてみることによって、どういうレスポンスがありうるのかを見ることができたらとても生産的ではないかと以前から考えていたのです。

若松　神学の歴史は、結論を出すというよりも、むしろ「問い」の歴史だと思うのです。実際、神学書は重層的な問いを論究するように記されている。結論を出さないものは意味がないという今日的世界から、重大な問いを投じることはいたずらな答えを出すよりよほどいいという方向に進みたいですね。

山本　問うことこそ重要だということは哲学の文脈ではよく言われるわけですが、もしも「神」と呼ばれているものが存在するとすれば、原理的に人間の出すような答えを超えている側面があるし、神の側は常に新たな状況に応じて新たなものを示してくる、そういう仕方で人間の従来の把握を超え続けるところがあるはずです。とりあえずの「結論」を出せば出すほど、「問い」が消えるどころか、むしろ「問い」がますます深まってくるのです。

若松　人間は、単に頭で思考するだけでなく、それを深めるべく思索する。さらに人間を超えたものに向かって思惟するものでもある。思索はときに思考の延長であるかもしれない。しかし、思惟というところまで行くと、思考とは別な何かが始まるのではないかと思うんです。ある時代まで当たり前に語られていたはずの哲学的思惟というものが、今は思考のレベルにとどまっているように感じられるのです。その一方で、思考を思索にまで深め、思索が思惟にまで導かれる端緒が、神学にこそあるのではないでしょうか。

注

（1）**ロドニー・スターク**（一九三四―）アメリカの宗教社会学者。著書に『キリスト教とローマ帝国』『十字軍とイスラーム世界』など。

（2）**教父**（church fathers）古代のキリスト教世界において教会の指導者であり、その著作が『聖書』に次いで、あるいはそれと同等の権威を有するとされた著作家のこと。エウセビオス、ヒエロニムス、アウグスティヌスなど。

（3）**キュプリアヌス**（三世紀初頭―二五八）有名な修辞学者だったが、後にカルタゴの司教になる。神を父、教会を母とする思想は彼に由来し、教会史における影響は大きい。主な論文として『カトリック教会統一論』がある。

（4）**ガレノス**（一二九頃―二〇〇頃）ローマ帝国時代のギリシアの医学者。臨床医としての経験と解剖によって体系的な医学を確立、その学説は以後千五百年以上にわたってヨーロッパ、イスラームの医学において支配的なものとなった。

（5）**ディオニュシオス**（一九〇―二六四頃）アレクサンドリアの司教。当時の教会の神学上の問題に最も力を注ぎ、迫害による棄教者や異端者の人々の帰教を保護した。エウセビオス『教会史』などの記述によってのみ知られる。

（6）**エウセビオス**（二六三頃―三三九）キリスト教史家にして聖書注釈家。イエスの出現から教会公認までのキリスト教の歴史をまとめた代表作『教会史』によって「教会史の父」として知られる。ローマ帝国におけるキリスト教公認後の教義の体系化の中心となった。

（7）**七元徳** カトリック教会の教義における七つの基本的な徳のこと。古代ギリシアの賢慮、勇気、節制、正義の四つの枢要徳に、『新約聖書』のパウロの書簡に見られる信仰、希望、愛の三つの徳を加えたもの。

（8）**マザーテレサ**（一九一〇－九七）学校教育を行う女子修道会に入会。インド・コルカタで教員をする中、同地のより貧しい人々と働くようにとの啓示を受けて活動を始める。「神の愛の宣教者会」を創設し、長年、最も過酷で貧しい人々のために働き、後継者たちを育てる。ノーベル平和賞受賞。

（9）**ブライアン・コロディエチュック**（一九五六－）一九八四年、マザーテレサの「神の愛の宣教者会」創立と同時に入会し、彼女の没年まで二十年を共に歩む。編著に『マザーテレサ　来て、わたしの光になりなさい！』『あわれみへの招き』など。

（10）**プラトン**（前四二七－前三四七）古代ギリシアの哲学者。ソクラテスの弟子にしてアリストテレスの師。若い頃は政治を志すが、ソクラテスの処刑を転機に、哲学へと向かう。アテネで学園アカデメイアを開き、後進の育成にあたる。現存する著作の大半は「対話篇」の形をとり、その多くは師のソクラテスを語り手とする。主著に『ソクラテスの弁明』『饗宴』『国家』『パイドロス』など。

（11）**ジョン・ロールズ**（一九二一－二〇〇二）アメリカの政治哲学者。一九七一年に刊行された『正義論』が大きな話題を呼ぶ。公民権運動や学生運動を背景に、価値が多元化する時代にあって、ある特定の善を正義とすることはできないとして「正義」と「善」を切り離し、様々な「善」を規律するものを「正義」と捉えた。正義は制度によって具現化し、社会の基本構造を規制する性格を持つが、それが個々人の権利を侵害するものであってはならないと考える。

（12）**トマス・アクィナス**（一二二五頃－七四）十三世紀の代表的な神学者。アリストテレス哲学とキリスト教とを統合して統一的な体系を打ち立てる。「神論」「人間論」「キリスト論」の三部から成るその代表的な著作『神学大全』で、後世のキリスト教に大きな影響を与える。

(13) **ジャン＝ピエール・トレル**(一九二七―) フランスの神学者。トマス神学の研究者。著書に『トマス・アクィナス　人と著作』『トマス・アクィナス　霊性の教師』『カトリック神学入門』など。

(14) **吉川幸次郎**(一九〇四―八〇) 日本を代表する中国文学者。日本における儒学、国学の研究にも通じる。主著に『杜甫私記』『漢の武帝』『仁斎・徂徠・宣長』など。

(15) **ジョン・パイパー**(一九四六―) アメリカでもっとも影響力ある牧師の一人。宣教団体「デザイアリング・ゴッド」創設者。

(16) **ジョン・レノックス**(一九四三―) イギリスの数学者(専門は群論、科学哲学)、キリスト教弁証家。オックスフォード大学名誉教授。進化生物学者のリチャード・ドーキンスの他、哲学者のピーター・シンガーなどとも神をめぐって公開討論を行っている。

(17) **ニコラス・トマス・ライト**(一九四八―) イギリスの神学者、聖書学者。著書に『神とパンデミック』『クリスチャンであるとは』など。

(18) **リチャード・ドーキンス**(一九四一―) イギリスの進化生物学者、動物行動学者。一九七六年の『利己的な遺伝子』で生物は遺伝子が自己の複製を残すための乗物(ヴィークル)であるという独創的な進化論を展開し、世界の注目を集める。その後の進化論争においても常に中心的な位置を占めている。他の著書に『神は妄想である』『遺伝子の川』など。

(19) **アンゲラ・メルケル**(一九五四―) 前ドイツ首相。キリスト教民主同盟の党首を務め、十六年間の長期政権を築いた。二〇一五年の難民危機では積極的な難民受け入れ政策が国際的に評価されるものの、犯罪の増加で批判が高まった。コロナ禍のリーダーシップで一転、求心力を回復した。

（20）**アリストテレス**（前三八四―前三二二）　古代ギリシアの哲学者、プラトンの弟子。政治学、詩学、倫理学、論理学、動物学、自然学などあらゆる学問領域を網羅した。主著に『ニコマコス倫理学』『政治学』『形而上学』『詩学』など。

（21）**アウグスティヌス**（三五四―四三〇）　初期キリスト教会の教父。マニ教などを経て回心し、新プラトン派の哲学とキリスト教の融合を図った。主著に『神の国』や『告白』がある。

（22）**プロティノス**（二〇五頃―二七〇）　ローマ時代のギリシアの哲学者。プラトンに傾倒。一者はその存在の充溢により、それが存在することによって、そのもの以外の存在・事物をそのものの外に生み出す、という流出説をとなえた。主著に『善なるもの一なるもの』など。

（23）**上田辰之助**（一八九二―一九五六）　経済思想家。ロンドン大学でクエーカーに入信。トマス・アクィナスの研究などを行う。一橋大学で教鞭をとり、ゼミ出身者に大平正芳元首相などがいた。著書に『聖トマス経済学』など。

（24）**大平正芳**（一九一〇―八〇）　元首相。池田勇人内閣の官房長官として「寛容と忍耐」「所得倍増」を演出し、田中角栄内閣では外務大臣として日中国交正常化を実現。首相在任時は日本型福祉社会建設を打ち出すが総選挙中に死去。読書家、クリスチャンとして知られた。

（25）**新渡戸稲造**（一八六二―一九三三）　教育者、農業経済学者。札幌農学校在学中、内村鑑三らとともに洗礼を受け、キリスト者となる。主著に『武士道』など。

（26）**井筒俊彦**（一九一四―九三）　哲学者。語学の天才と言われ、アラビア語、ペルシャ語、サンスクリット語など三十以上の言語を流暢に操った。日本で最初に『コーラン』の原典訳を手掛け、イスラーム研究の発展に貢献。古代ギリシア哲学、ユダヤ思想、仏教思想、老荘思想、朱子学などを視野に収めた東洋哲学の構築を試みた。著書に『意識と本質』『神秘哲学』『コスモスとアンチコスモス』など。

(27) **フリードリヒ・ニーチェ**（一八四四－一九〇〇）ドイツの哲学者。キェルケゴールと並ぶ実存主義の先駆者。「神は死んだ」「ニヒリズム」「ルサンチマン」などの言葉で知られ、随所にアフォリズムを用いた巧みな散文表現、その鋭い文明批評によって哲学、文学、現代思想に多大な影響を与える。キリスト教的道徳は必然的にニヒリズムに行きつくが、「永劫回帰」によって生を肯定できると考えた。主著に『ツァラトゥストラはこう語った』『悲劇の誕生』『悦ばしき知識』『善悪の彼岸』など。

(28) **マルティン・ハイデガー**（一八八九－一九七六）ドイツの哲学者。当初はキリスト教神学を研究したが、後に独自の存在論哲学を展開する。現存在の分析を通じて存在への問いを切り開いた主著『存在と時間』は現代思想、精神病理学、解釈学、文学など広範に影響を与えた。他に『形而上学入門』など。

(29) **カール・ラーナー**（一九〇四－八四）ドイツの神学者。「無名のキリスト者」という概念を用いて、他宗教信者への神の救いの可能性を示唆した。著書に『キリスト教とは何か』『人間の未来と神学』など。

(30) **近藤宏一**（一九二六－二〇〇九）詩人。十一歳でハンセン病療養所長島愛生園に入園、生涯その地で暮らした。神谷美恵子が『生きがいについて』執筆にあたり大きな示唆を受けた人物の一人。著書に『闇を光に　ハンセン病を生きて』がある。

(31) **神谷美恵子**（一九一四－七九）精神科医、思想家。ハンセン病患者たちとの交わりを持ち、その経験をもとに『生きがいについて』を書いた。ミシェル・フーコーなどとも交流があり、精神医学を礎に現代思想の語り手でもあった。他の著書に『人間をみつめて』『こころの旅』など。訳書にマルクス・アウレリウス『自省録』、ミシェル・フーコー『臨床医学の誕生』などがある。

（32）**内村鑑三**（一八六一－一九三〇）キリスト教思想家。無教会主義のキリスト教を説いた。足尾銅山鉱毒反対運動など社会改良運動に身を投じる。日露戦争開戦時には非戦論を主張。晩年は福音の宣教に尽力した。主著に『代表的日本人』『基督信徒の慰』など。

（33）**矢内原忠雄**（一八九三－一九六一）経済学者、キリスト教思想家。欧米留学後、東京大学経済学部教授。植民地政策を講じる。学生時代から内村鑑三に私淑し、反戦平和を説き続けた無教会主義のキリスト教指導者でもあった。著書に『帝国主義下の台湾』『聖書講義』など。

（34）**賀川豊彦**（一八八八－一九六〇）キリスト教社会運動家。戦前の日本の労働運動、生活協同組合運動において大きな役割を果たす。キリスト教における博愛の精神を実践した「貧民街の聖者」として日本以上に世界的知名度が高い。著書にベストセラーとなった『死線を越えて』など。

（35）**河合隼雄**（一九二八－二〇〇七）深層心理学者。ユング心理学から出発し、独自の心理学を提唱した。箱庭療法を日本で普及させる。記紀神話をはじめ、民話や説話、絵本などに注目して、日本人の心の奥底にあるものを読み取ろうとした。著書に『ユング心理学入門』『昔話と日本人の心』『明恵　夢を生きる』『中空構造日本の深層』など。

（36）**明恵**（一一七三－一二三二）鎌倉時代の華厳宗の学僧。釈迦を親と慕い、実践を重んじて、厳しい修行を重ねる。後鳥羽上皇や北条泰時をはじめ多くの人々の帰依を受けた。

（37）**ウィリアム・ジェームズ**（一八四二―一九一〇）哲学者、心理学者。「意識の流れ」を提唱し、ジェームズ・ジョイス『ユリシーズ』など文学にも影響を与えた。著作は心理学のみならず哲学や生理学にも及ぶ。西田幾多郎など日本の近代哲学の発展にも影響を及ぼした。主著に『宗教的経験の諸相』『プラグマティズム』など。

（38）**カール・バルト**（一八八六―一九六八）二十世紀のキリスト教神学に多大な影響を与えた神学者。その思想は「弁証法神学」「危機神学」と呼ばれる。早い時期から一貫してナチス・ドイツの政策を神学的に批判し、理論的指導者となる（「バルメン宣言」）。独自の神学体系「教会教義学」を構築した。主著に『ローマ書講解』など。

（39）**中村雄二郎**（一九二五―二〇一七）西洋哲学を基盤に、河合隼雄、山口昌男など異分野の専門家との交流を深め、哲学に新しい領域を開いた。主著に『共通感覚論』『術語集』『臨床の知とは何か』など。

（40）**大教皇グレゴリオ**（五四〇頃―六〇四）ローマ教皇。貧民救済、教会造営などに尽力する。グレゴリオ聖歌はその名に由来する。

（41）**『2人のローマ教皇』**フェルナンド・メイレレス監督作品。二〇一二年、当時ローマ教皇だったベネディクト十六世（アンソニー・ホプキンス）と、翌年教皇の座を受け継ぐことになるホルヘ・マリオ・ベルゴリオ枢機卿（ジョナサン・プライス）の間で行われた対話を描いた。カトリック教会の方針に不満を抱くベルゴリオ枢機卿は、ベネディクト教皇に枢機卿辞任を申し入れるが、スキャンダルに直面して信頼を失っていたベネディクト教皇はそれを受け入れず、ベルゴリオをローマに呼び寄せる。

第三章　「個」から「ともにある」へ

個の危機からともにある危機へ

若松　これまで論議してきたようにコロナ禍は、「恒常的な危機」を浮かび上がらせた契機だと考えられると思うのです。しかし、昨今の世相を見ていると、人々は危機を危機として受け止めず、すぐにかつての状態に戻れると信じている。あるいはそう願っている。でも、危機が迫っている事実が見えなくなる、それこそが最大の危機だと思うのです。人間とはそもそも危機的な存在である、ということを考えるとき、私がまず思い浮かべるのはアウグスティヌスです。彼はまさに危機の人で、霊的危機を『告白』で、時代的、あるいは出来事としての危機を『神の国』で描いていると思います。『神の国』は次の一節から始まります。

> とかくするうちに、ローマはアラリック王のひきいるゴート族の侵入と大きな災害の衝撃によって破壊されたが、このローマの破壊を、わたしたちがふつう異教徒とよぶ、多くの虚偽の神々の崇拝者たちは、キリスト教のせいにしようとして、いつもよりもはげしくきつく真実の神をののしりはじめた。そのためにわたしたちは、「神の家」に対する熱意に燃えたって、異教徒たちの瀆神や誤謬を反駁するために『神の国

> について』の書を書こうと決心した。（服部英次郎訳、岩波文庫）

まさに他民族の侵入と災害という外的危機によって、『神の国』という著作が生まれた。さらにいえば、危機によって神学的古典が生まれたともいえると思うのです。

山本　アウグスティヌスは古代ローマ帝国に生き、キリスト教の教えの基礎をつくった教父のひとりですね。北アフリカの田舎に生まれ、カルタゴに学び、そこからローマへと渡り、アフリカに戻ってキリスト教の指導者としての生涯を送った。若い頃は恋愛や出世に夢中になったり、マニ教という宗教に入信しながら、いくつかの転機を経てキリスト教に回心した人物です。

その自伝文学の元祖ともいえる『告白』の第一巻から第九巻までは、彼が生まれてからキリスト教に回心していくまでの精神的な旅路を語っていますが、第九巻で回心して洗礼を受けたアウグスティヌスは、第十巻では『告白』を書いている時点での心境を語ります。

> 私は逆境にあって順境を熱望し、順境において逆境を恐れます。この二つの境遇のあいだに、人生が試練ではないといったような、中間の場所はありません。

この世の順境はわざわいなるかな。しかも、一つならず二重の意味で。すなわち、順境のうちにはいつか逆境が来はしないかという恐れがあり、また、順境のよろこびがいつかは滅びるという二重の意味で。（中略）

まことに、地上における人間の生は、間断のない試練ではないでしょうか。（『告白』山田晶訳、中公文庫　第十巻二十八章）

キリスト教に回心するまで、アウグスティヌスは色々と深く思い悩んできた。何を心の底から愛することができれば本当の満足が得られるのか。アウグスティヌスはさまざまなものを愛してきた。それは女性であり、友人であり、名声でもあった。しかしそれなりの満足を得ても、どうしても満足しきれない。それなりの満足を得たからこそ、それらのものが虚しい心を際立たせるのだということがわかった。そうして最終的に「神」にいたるのです。

しかし回心したからといって安寧は訪れません。人生には順境と逆境しかなく、順境においても逆境を恐れると言って、人生を間断のない試練と捉えているのです。

常に危機にある人間の弱さに直面しながらものを考えていく姿勢が、ここには典型的に表われています。『告白』は、キリスト教徒の基本的な自己理解のパラダイムを築き上げた著作で、そこでは常に危機に直面している人間像が語られているのです。

自分自身が、自分にとって大きな謎になる

山本　アウグスティヌスは神学と哲学の接点にいて、両方に対して現代にいたるまで大きな影響を与え続けている巨人です。このアウグスティヌスに訪れた個人的な危機をたどりながら、アウグスティヌスが影響を与えた人物たちの哲学や神学に触れつつ、大きな危機の中で見えなくなりがちな個人に訪れる危機を見てみたいと思います。

特に危機という観点から、彼が与えてきた大きな影響を見るうえで糸口になるのは『告白』の第四巻、アウグスティヌスが十九歳くらいのときに親友が亡くなる箇所です。

この時点において、アウグスティヌスはマニ教という宗教に入っていました。その背景にあったのは、若い時から彼を深く悩ませていた「悪」の問題でした。カトリックであるお母さんを通じてキリスト教になじんではいましたが、全知全能で唯一の善い存在である神が全世界を創造したということに納得ができず、マニ教に入っていった。マニ教は、善い神と悪い神の戦いの舞台がこの世界である、という二元論的な世界観を持っていたのです。

マニ教徒として活動するなかで、幼なじみでもあった学友をマニ教に誘い入れ、親友

関係を深めていきました。しかしこの友人が突然、熱病にかかって亡くなってしまう。しかも死の間際にカトリックに改宗し、考え方としても袂を分かったまま亡くなってしまうのです。アウグスティヌスは非常にショックを受け、「この〔友を亡くした〕かなしみによって、私〔アウグスティヌス〕の心はすっかり暗くなり、目につくものはすべて死となってしまった」。その結果、「いまや、自分自身が、自分にとって大きな謎となってしまいました」と語ります。

「謎」と訳されているのはラテン語で quaestio《クワエスチオ》 = 問題ですね。友人との深い結びつきがアウグスティヌスのアイデンティティを構成していたのに、彼がいなくなり、この世界において自分を定義するいわば拠点がなくなってしまったのです。

これはアウグスティヌスの原体験です。回心しキリスト教の信仰を持つようになってからも、この問題は完全に解決したわけではありません。信仰を持てば神との関係の中で確固とした基盤ができて安泰に生きていけるというわけでは必ずしもない。常に不安定で問題含みの自分を抱えて生きていく。本質的に危機をはらんだ生のあり方が語られています。

若松　善と悪を安易に判断し、取捨選択すること、善悪で物事を分断する思考は、とても危険です。それは全体主義がしばしば取る態度でもあります。分断しない世界を作っていくためにも、アウグスティヌスの神学的道程を再考することは重要だと思います。アウグスティヌスも『神の国』では「忠信で敬虔な人びとの身にふりかかった悪のうち、善に転化されないようなものがあるかどうかを注意してみるがよい」とも書いています。悪すら善に転化する、それが神のはたらきだというのでしょう。

マニ教的に善悪を峻別すると、世界を容易に説明できる。いっぽう、『告白』におけるアウグスティヌスは反対に、語るほどに謎を深めていく。そして、謎への確かな手ごたえが強まっていく。とても不思議な本だと思うのです。今の世界はまさにマニ教的であるともいえ、物事を善と悪に振り分けてくれる価値観に、なびきやすくなってもいる。

また、山本さんの話を聞きながら思い出すのは、アウグスティヌス研究からキャリアを始めた哲学者ハンナ・アーレント[1]です。彼女は、『イェルサレムのアイヒマン』という著作でナチスが驚くべき「凡庸さ」をもって悪を行ったと指摘しました。危機においては善と悪の問題が今までにない形で現出しますが、そこに安易に結論を与えない、アーレントのいう「凡庸さ」という真の原因を見過ごさない叡知を保ち続けていたいと思います。

山本　アウグスティヌスのキリスト教的な考え方とマニ教との違いは重要ですね。キリスト教は世界を善悪で分かりやすく説明しようとする、と言われることが結構あるんですが、実は二元論的世界観と戦う中でキリスト教神学の基本が形成されてきたことは強調しておきたい。

安易な二元論とは異なる発想を有する神学という観点から、同じくアウグスティヌスの『神の国』を見てみましょう。彼にとって「愛」という概念は非常に大事で、アーレントの博士論文も『アウグスティヌスの愛の概念』（千葉眞訳、みすず書房）です。『神の国』は歴史哲学という分野を哲学史上初めて確立した書物ですが、「愛」がキーワードになっています。自己愛中心の人々の集団が「地の国」をつくり、神と隣人への愛を中心に生きることが「神の国」をつくる。「神の国」と「地の国」との争いという図式で世界史を理解しようというのがこの本の立場です。もともとアウグスティヌスが歴史哲学の本を書こうとしたのは、キリスト教に対して批判が起こったからでした。ローマ帝国がゲルマン民族の侵入を受け、ローマが略奪されたのは、伝統的な神々を捨ててキリスト教を取り入れたからだ、と批判されたのです。これに対し、歴史を説明する別の観点を提示するのが彼の大きな目的でした。

よく『神の国』について、「神の国」はキリスト教の教会、「地の国」は教会を迫害したローマ帝国のことだと説明されるのですが、それは正確ではありません。むしろアウグスティヌスは、この世界の進展を人間は見通すことができないと言います。キリスト教の教会に所属していることは、必ずしも、神の国にいる証拠にはならない。自分自身のことも含めて見通しが利かない、善と悪とが切り離しがたい仕方で絡まりあった状況の中をわれわれは生きている、と。『神の国』は、この世界における善悪を安易に分かろうとすること、分かっていると思うことの危険を指摘している書物でもあるのです。

若松　長引くコロナ禍の間にはさまざまなことが起きました。アメリカで黒人男性ジョージ・フロイドが白人警察官に殺され、コロナ禍中にもかかわらず世界各地でデモが起きました。人間のいのちに対する尊厳、誇りが世界に同時多発的に火をつけている。

人間の尊厳は、目に見えるかたちで存在する地の国と神の国の両方にまたがる問題です。それをどう守り、慈しみ育てていくことができるのか。目に見えるものを育てることにとても慣れた現代人が、不可視なものを育てていかなければいけないというとき、『神の国』は重要な示唆を宿していると思うんです。

「うめきの神学」

山本　ここでもう一度、『告白』に戻りましょう。友を失った悲しみの話は、けっこう長く叙述されています。そして、そのクライマックスにおいて、次のようにアウグスティヌスは語ります。

　私は、いぜんとして自分にとって、そこにいることもできず、そこからのがれるすべもない不幸な場所でした。じっさい、私の心は自分の心からどこへ逃げてゆくことができたでしょうか。私は自分自身からどこへ逃げてゆくことができたでしょうか。私が私についてゆかない場所がどこにあるでしょうか。（第四巻第七章）

『告白』はキリスト教の信仰を持たないとなじめないと思っている人が多いと思うのですが、彼は人間の深いところをとてもヴィヴィッドに捉えている。『告白』は単なる信仰の書物というだけではなく、信仰を一つの光源として、「危機」に満ちた人生を送っている人間の裸の姿を浮き彫りにする書物だと思います。

若松　アウグスティヌスがいう、逃げることのできない場所である「私」という問題は、コロナ禍で誰もが感じたことだと思います。これほど深く「私」と付き合う機会はなかったといってもよいくらいです。人は誰も、「社会」よりも先に、そして長く、濃密に「私」と向き合っていなくてはならない。ですから、そう簡単にかつての日常を取り戻さないという選択があってもよい。別な言い方をすれば、日常を取り戻したいという欲求は、「私」というもっとも厄介な問題を手放してしまいたいという衝動でもあるのではないでしょうか。

　アウグスティヌスの神学とも関連があるので、最近考えていることを少しだけ話させてください。それは「うめき」という問題です。「うめきの神学」を考えてみたいのです。

　コロナ禍では、嘆きというより「うめき」を感じていました。嘆きと違って、うめきは声にならない。そもそも人は、独りのときにうめくわけです。この二つは似て非なるものです。これまでも『聖書』を嘆きの側面から読む、という試みはされてきたと思うのですが、ここでいう「うめき」の視座から読み直してみたいのです。

「うめき」は『旧約聖書』では、とても大事な意味と隠喩において用いられています。「詩篇」にはこんな言葉があります。「主は仰せになる、『哀れな者のすすり泣きと貧しい者の呻きの故に今こそ、私は立ち上がり、脅かされた者を安全に置こう。』（12篇6節）」。これは、今、まさに人類が直面している問題そのものです。

　大きな困難があり、すすり泣く者、うめく者が出てくる。『旧約聖書』の世界では、神がうめきを受けとめてくれる。しかし現代ではどうでしょう。うめきは、どこに行き、どう働くのか。これは重要な問いだと思うのです。なぜなら、うめく者は、人前で声をあげることがほとんどないからです。ある意味では沈黙の困窮者なのです。

私はヘブライ語を読めないのですが、ある聖書では「嘆き」と訳されているところが、別の聖書では「うめき」になっています。おそらく、原語はどちらとも意味の取れるものなのだと思うのですが、そうしたことを前提にしながらも、無音のうめきから見えてくる神学の可能性を考えたいのです。さらに「詩篇」には次のような言葉もあります。

> 主は乏しい者の祈りを心に留め、彼らの祈りを軽んじられません。後の代のために、このことを書き記し、新しく造られる民に主をたたえさせよ。（１０２篇18～19節）

「乏しい者」とは、うめく者の異名です。『旧約聖書』には、声にならないうめきこそ後世に伝えねばという強い衝動があった。うめきにこそ大事なものが刻み込まれているという切迫した思いがある。資料に残るのは嘆きですが、言葉たりえないうめきを、あえて言葉によって表現する。それが「詩篇」に象徴される、聖なる文学の本質的役割だと思うのです。

山本　実は「詩篇」の語り口とアウグスティヌス『告白』の語り口は似ているのですよ

ね。神に向かって嘆きと讃美を歌うのが「詩篇」ですが、『告白』も「あなた」と神に向かって語りかける文章ですから。それだけでなく、『告白』のかなりの部分が実は「詩篇」の言葉なのです。直接引用はしなくても、知っている人が読めば「詩篇」の言葉をアレンジし、自身の経験と織り交ぜている、と分かるように書かれているんですね。自分の肉声で心の奥底を語ろうとすればするほど、むしろ『聖書』の言葉が口をついて出てくる、そうした仕方でアウグスティヌスは『聖書』の言葉を血肉化した人物だったのです。

若松　そうなのですね。私は翻訳を通じてしかわかりませんが、アウグスティヌスの神学には、じつにポエティック（詩的）な一面があるのは分かります。ここでいう「ポエティック」は、単に抒情的という意味ではなく、むしろ、うめきがそうであるように、沈黙の詩学という意味です。文字にならないものを意味として存在させ得るのが、アウグスティヌスの筆力だと思うのです。言葉によって語外の意味を語るといった趣があります。

さて、『新約聖書』にも「うめき」に言及している箇所があります。パウロによる「ローマの人々への手紙」には次のように記されています。

> わたしたちは今なお、被造物がみなともに呻き、ともに産みの苦しみを味わってい

ることを知っています。（8章22節）

人間だけでなく、被造物すべてがうめいている。それぞれの沈黙の声というべきものをもっている。それがパウロの世界観です。

このことで思い出さざるを得ないのが『苦海浄土』で水俣病患者やその家族のうめきを書いた作家の石牟礼道子[2]さんです。彼女は生類の中に人間があるのであり、人類対生類という構図そのものが近代の大きな誤りではないか、生類の中に人間の居場所を見つけていくのが新しい世界を作っていく際の重要な地平だと、ずっと語っていました。石牟礼さんの発言はパウロの神学とも繋《つな》がってきます。さらにこのパウロの世界観は、教皇フランシスコや、彼の名の由来になったアッシジの聖フランシスコ[3]にも通じていく。

キリスト教というと自然と対立するイメージがあるかもしれませんが、神が造ったすべてのものの中でどう世界を作り直していくかがカトリシズムの根底にあるということは強調したいと思います。もう一箇所、「ローマの人々への手紙」にこんな箇所があります。

わたしたちはどのように祈るべきかをしりませんが、霊ご自身が、言葉に表せない

呻きを通して、わたしたちのために執りなしてくださるのです。（8章26節）

うめきが、人間世界ともう一つの世界をつなぐ扉だというのです。危機の中に秩序を取り戻そうとするとき、私たちは「うめきの扉」を開ける必要があるのではないかと思うのです。

山本　アウグスティヌスが『新約聖書』から一番ひんぱんに持ってくるのがパウロの言葉なんですね。単に頭で考えた「教義」の言葉を語るのではなく、危機に満ちた人間存在の深淵から紡ぎ出されてくるような言葉を語るという共通性が両者にはあるのです。

若松　今の山本さんの指摘を聞くと、神学の淵源が単なる論理ではなく、むしろ、私たちの生活や人生の現場にあることがよく分かりますね。こうした事実があまり知られていないのかもしれません。神学は机上の空論であるという誤認があるようにも思います。

大きな謎の中で問いを深める

若松　ここで少しウィリアム・ブレイク[4]の話をさせてください。

二〇二〇年の新年はロンドンにいました。まだ、コロナ禍が本格的に語られる以前のことです。ウィリアム・ブレイクの大回顧展が行われるというので足を運んだのです。ブレイクは詩人であり、画家です。そして、幻視者でもあった。「天国と地獄の結婚」という作品があるように、独自の神学を宿した人物でもありました。ダンテ[5]の『神曲』をめぐる作品もありますし、最晩年にはジョン・バニヤン[6]の『天路歴程』の連作も描いています。詩による神学、あるいは、絵画による神学の可能性をブレイクの作品は指し示している。

このとき、展示された作品のなかに『旧約聖書』の「エゼキエル書」のエゼキエル[7]にまつわる作品がありました。それは彼が、妻の死を経験した日の光景です。エゼキエルは、この出来事を通じて、預言者として新生したといってよい。

ブレイクは、一度ならず、この作品を描いています。私は、個人的な経験とも重なって、この作品にふるえるほどの感銘を受けました。会期中、何度もこの作品を見るために足を運び、そのたびに新しい衝撃を受けました。そして、この絵を見たとき、初めてエゼキエルという人間を理解できた感じがしました。ブレイクの絵は、どんな注釈書よりも強力だった。「エゼキエル書」には彼が妻の死の前に、神から次のような言葉を受け、そして彼自身の口から語ったと記されています。預言者である彼は、神のコトバを語らずにはいられない。

人の子よ、わたしはあなたの目の喜びを、一撃をもって奪い去る。悲しみに沈むな。

泣いて涙を流すな。人知れず呻け。死者のために喪に服すな。ターバンを巻き、足には履き物を履け。口髭を覆わず、嘆きのパンを口にするな。（24章16～17節）

たいへん過酷な言葉です。「目の喜びを、一撃をもって奪い去る」。これが、妻の死を意味しています。ブレイクの絵に描かれている妻も、亡くなってもじつに愛らしい姿をしています。妻の死がどれだけ過酷な出来事であるのかは神もよく分かっている。そのうえで、悲しみに沈んではならない。涙を見せてもならない。「人知れず呻け」と神はいう。すなわち、何事もなかったかのように、普段の通りに生きろと神は命じる。事実、この神の言葉を人々の前で語ったその日の夕方、彼の妻は亡くなる。預言者の生涯からすると、これは単に恐ろしいだけの出来事ではなく、自分の使命、神とのつながりの深さを証している啓示でもあるのです。

「エゼキエル書」の同じ章からもう少し引用します。

お前たちは罪の故にやつれ果て、互いに悲しみに沈むことになる。エゼキエルはお前たちの徴《しるし》となり、お前たちも彼と同じように振る舞うことになる。それが成就する

とき、わたしが主なる神であることをお前たちは知るだろう。（24章23〜24節）

エゼキエルは、悲しみという宿命を抱えた人間の「徴」だと神はいう。ブレイクが描くエゼキエルの表情からは、胸に大きな悲嘆を抱え、困惑しつつも、神を感じているのが分かります。そして、妻が死のあとも「生きている」ことを感じている。少なくともブレイクの描き出すエゼキエルはそうです。

預言者とは、神のはたらきの通路になることです。神は、預言者を通じて、しばしば大きな謎となって現われる。エゼキエルは困惑しつつ、預言者として生きる。彼自身も苦しみ、悩み、そして、自分の人生という謎の中にいる。でも、神とのつながりだけは失わない。エゼキエルは謎のなかで神との信頼を深めるのです。

私たちは安易に答えを求めるときに誤り、謎の中にいるとき、より確かである。ブレイクの絵を前にそんなことを感じました。

アーレントとアウグスティヌス――好奇心から探究心へ

若松　先にハンナ・アーレントの「凡庸なる悪」という言葉にふれました。

私たちは今、おそるべき凡庸さに直面している。そうした現象が際立った時代に生きていると思います。凡庸なるものへの対処が十分でないとき、あることを契機に容易に状況は「悪」に飲み込まれていく。「悪」は凡庸な事象を飲み込みながら肥大化していくというべきかもしれません。アーレントはそこに警鐘を鳴らした。彼女はこんな言葉を残しています。

> 〈より小さな悪〉を実行した人は、すぐに自分が悪を選択したことを忘れてしまう。
> （「独裁体制のもとでの個人の責任」『責任と判断』所収、中山元訳、ちくま学芸文庫）

ナチスによるユダヤ人迫害のような悪は、根源的な悪というよりもむしろ、人々の思考停止がもたらした表層的な悪の集積であるということを言い当てている言葉です。

アーレントの言葉にふれると、哲学は理性の責務だけではなく、理性の限界を探り当てようとする責務もまた担っていることを感じます。

そして、『アウグスティヌスの愛の概念』を読むと、アーレントの出発点に神学との対話があったことがはっきりと感じられます。この本の中心にあるのは愛と永遠、さらには隣人の問題です。こうした主題を論究することは現代ではとても難しくなってきている。

しかし、愛や永遠、そして隣人という問題の重みは、時代によって変わるものではない。やはり、神学が声をあげるときだと思います。真の意味で哲学と対話するためにも、です。

山本　アーレントのアウグスティヌス論では、序文をはじめとして、先ほどご紹介した『告白』の第四巻、親友がなくなる箇所で出てくる「いまや、自分自身が、自分にとって大きな謎となってしまいました」という言葉が複数回引用されています。アウグスティヌスの原体験を取り出そうとすると必ずこの一文に行かざるを得ないんです。

この言葉についてはまた後ほど立ち返ることにして、アーレントの『アウグスティヌスの愛の概念』で「愛」がどのように語られているのか見てみましょう。ここには危機を考えるための一つの手掛かりがあると思います。アーレントは次のように述べています。「『愛』caritas《カリタス》と『欲望』cupiditas《クピディタス》は、それぞれの追求する対象によって互いに区別されるのであり、追求の仕方そのものによって区別されるのではない」と。

ラテン語には愛や欲求を意味する単語が結構たくさんあります。アウグスティヌスは、それをうまく区別しながら議論を組み立てていて、caritasとcupiditasはその代表的なものです。caritasはキリスト教的な愛ですね。それに対して欲望cupiditasとは、特に現世的なものを自分のものにすることを意味する単語だとアーレントは言います。

若松　愛と欲望について、アーレントは、愛は「善きもの」を希求すると言います。さらに愛は、「善きもの」だけでなく、永遠なるものと人間を結ぶ、とも書いています。一方で、欲望は時限的なもの、永遠ならざるものを求めていくといいますね。この言葉はとても印象的でした。

山本　さらに彼女は、「人間とは、その人が追い求めるものにほかならない」とも言います。「『欲望の人』は、自らの『欲望』そのものによって消えゆく運命へと定められるが、他方『愛』は、追求される『永遠性』の故に、自ら永遠なるものとなる」とも。儚《はかな》いもの、この世的なものを欲望する人は、自分自身が儚い存在であることになってしまうわけです。欲望＝クピディタスが軸になっている人は、本当に求めるべきもの、探究すべきものを見失って、その代わりに雑多な、この世的なものにとらわれる。それを「好奇心(curiositas《キユリオシタス》)」とアウグスティヌスは呼びます。現代では「好奇心」はよいものと言われることが多いのですが、キリスト教哲学、アウグスティヌス以来の伝統では、「好奇心」はよからぬものなのです。「詮索好《せんさくず》き」くらいに訳しておいたほうがいいかもしれません。

この「好奇心」は、世界への従属が言わば習慣化した状態を表わすと同時に、他方

> 「自己自身から」分離して生き、自己自身を回避して生きようとする人間的なものに固有の不確かさと虚しさを示すものにほかならない。自己自身の前でのこのような逃避に対して、アウグスティヌスは、「自己探求」se quaerere を対峙させた。（『アウグスティヌスの愛の概念』）

『告白』『三位一体論』などアウグスティヌスの代表作は、神を求めると同時に自己自身を探求するもので、この二つの探求が非常に緊密に結びついている。アウグスティヌスの初期の著作『ソリロキア』の中には「神と魂とを知りたい。その他には何も知りたいものはありません」という有名な言葉もあります。好奇心にとらわれているあり方に対比させて、自己と神に対する真摯な探求が出てくるんです。

アーレントは、自己探求とは「『わたしがわたし自身にとって問題となった』という意味で、自己自身を問うこと」だと述べます。「人間はこうして自己自身に還帰することにおいて神を見いだすのである」とも言っている。友の死がもたらした苦しみはアウグスティヌスの人生にとって最も大きな危機だったわけですが、同時に、これまで有限な、この世界の内部のもの、究極的な支えにはならないものを頼りに生きていたことに気づかされる。非常に個人的な危機が、普遍的で永遠的な真理に対する真摯な探求への目覚めにつながっていくんですね。

若松　「好奇心」の問題はとても重要です。コロナ禍で好奇心がもたらすある種の恐ろしさ――今日のアーレントの言葉で言えば凡庸さでしょうか――について考えていました。そして、これは私が大学の教育現場で感じている大きな違和でもあるのです。

「好奇心」は、自己の根本問題とは乖離《かいり》したまま、いわゆる興味関心によってどこまでも広がっていきます。ときには倫理が介入する隙間がないほどの勢いで拡張していく。そのことを深く考えないまま、「好奇心」を掻き立てている趣を強く感じるのです。科学の現場でこれが起こったとき、最初に問題になるのは私の「いのち」です。「いのち」と身体的生命の差異を考えないまま、あるいは、「こころ」と意識の差異を考えないまま、「好奇心」による人間像のようなものができあがっていく。本当に恐ろしいことです。

一方で、探究心は、「私は魂と神以外のことを知りたいと思わない」というように、対象を限定し、どこまでも深化していく。真実と向き合うためには、「好奇心」を手放さなくてはならない。

ただ、「好奇心」から「探究心」にまで一気にはいかない。その間に「探求心」があると思うのです。探求心は「究める」ものにまだ出会っていないけれど、何かを「求めている」状態です。ただ、探求心は好奇心、探究心のどちらにもふれ得ると思うんです。

現代の哲学は好奇心によって発見された主題を、好奇心で展開するに留まっていることが少なくない。それを読む人間が刺激されるのもまた、好奇心です。危機の時代にあって哲学が何を希求していくのか、あらためて考えてみるべき問題だと思います。

一方で、非キリスト者であるアーレントから「凡庸なる悪」という言葉が出てきたことの重要性も感じます。この言葉があることで、私たちは、悪との闘いとは、凡庸なるものを注視するところから始まることを知った。こうしたことが起きるのは、アーレントが、アウグスティヌス以来の伝統的な悪をめぐる思惟に深く学んでいるということがある。彼女の考えていた「悪」は社会的な問題であると同時に形而上学上の問題でもあった。世界の世俗の現象を見ているだけでは悪の正体を見破ることはできなかったと思うのです。

危機における「隣人」

山本　アーレントは『アウグスティヌスの愛の概念』において、「ガラテヤ書」についてのアウグスティヌスの註解を引用しながら、隣人愛について、それは自らの危機に際して生まれてくると言っています。「ガラテヤ書」は『新約聖書』の中の一つの書簡ですね。

「隣人愛《ディレクティオ・プロクスイミ》」への具体的動機づけも、一貫して誘惑の中にある人間の生における自らの危機に関する熟慮から生じる。その限りで「隣人愛《ディレクティオ・プロクスイミ》」への動機づけもまた、過去から、人類の始源Herkunftとしてのアダムから生じるともいえる。

> けだし、人にそれほどまで哀れな心を催させるものとして、自分自身の固有の危機への熟慮にまさるものはない。……したがって、平和と愛《ディレクティオ》とは、われわれの心の中で共通の危機について熟慮することによって保持されるのである。
> （『ガラテヤ書注解』56篇）

こうして「愛《ディレクティオ》」は、自己自身が他の人々と共通の危機の中にあるとの認識に根拠づけられている。（同前）

人はこの世界の中の様々なものへの欲望にとらわれている。ですが、そうした様々なものはすべて有限なものであり、たとえ手に入れてもいつ失われるかわからないものだと言わざるをえません。そこから自己の不安定さ、危機が生じてくる。この世に生きている限り、どうしてもそうならざるをえないわけです。そういう人としてのあり方を共有していることに自覚的になると、隣人との深い結びつきが生じるのだと言います。

自己と他者が「弱さ」の共有において深く結びつくというこのような観点については、トマス・アクィナスも、アウグスティヌスを引用しながら次のように述べています。

> アウグスティヌスが『神の国』第九巻においてのべているごとく、「憐れみとはわれわれの心のうちで他人の苦しみ miseria を共に苦しむこと compassio であり、それによってわれわれは、もし可能であれば、助けにおもむくようにかりたてられるのである。」というのも、「憐れみ」misericordia は、或る人が他人の苦しみについて「苦しい・心」miserum cor を抱く、というところから来ているからである。（トマス・アクィナス『神学大全』第二部の第二部第三十問題第一項主文、稲垣良典訳、創文社）

「共感」と訳されることの多い compassion という英語がありますが、その語源にあたる

compassio《コンパッシオ》というラテン語が、このテクストでは使用されています。トマス・アクィナスの『神学大全』の大半を訳している稲垣良典[8]先生の翻訳に基づいて引用しましたが、この単語は「共に苦しむこと」と訳されています。これはとても素晴らしい訳語の選定だと思います。com は「共に」を意味する接頭辞で、passio は「苦しみ」を意味する名詞なので、「共に苦しむこと」という日本語は正確な訳語ですし、それだけではなく、「共感」という、えてして表層的に響きがちな訳語よりも、困難を契機とした人と人との深い結び付きを的確に表現したものとなっていると思います。トマスは次のようにも述べています。

憐れみとは他者の苦しみ・悲惨さ miseria について共に苦しむことであるから、或る人が憐れむということと、その人が他者の悲惨さについて悲しむということは、同一のことから生ずるのである。しかるに、悲しみ tristitia もしくは悲歎 dolor は自分自身の悪についてのものであるから、或る人は他人の悲惨さを、それがあたかも自分のことであるかのように受けとるかぎりにおいて、他人の悲惨さについて悲しみ、歎くのである。（中略）愛する人は友人をあたかも自分自身であるかのように、かれが被る悪を自分自身の悪であるかのように見なす。このゆえに、かれは友人の悪について、自分自身の悪であるかのように悲歎するのである。アリストテレスが『ニコマコス倫理学』第九巻において、友愛の他の諸々のしるしと並べて「友と共に悲しむこと」を挙げているのはこのためである。そして使徒パウロも『ローマの信徒への手紙』第十二巻において「悦ぶ人々と共に悦び、泣く人々と共に泣きなさい」とのべている。（『神学大全』第二部の第二部第三十問題第二項主文）

このテクストにおいては、「危機」において人がどのような仕方で他者へと開かれていくかということが実に見事に描き出されていると思います。また、トマスがこうした共感共苦に基づいた人間像を描き出そうとするときに、古代ギリシアの哲学者アリストテレス、『新約聖書』の書簡の大半を書いたパウロ、キリスト教哲学の基礎を築き上げたアウグスティヌスという、時代や発想の異なる多くの人物からの言葉が極めて簡潔にそして印象深く呼び出されてきているのも興味深いことです。苦難・危機においてこそ成立する人間同士の深い結び付きについて考察するさいに、とても大きな手がかりを与えてくれるテクストではないかと思います。

若松　人が、個々の危機だけを考え始め、隣人とともにある危機を考えられなくなっている。「私」の危機、ではなく、「私たち」の危機、さらにいえば、隣人とともにある危機をこそ、私たちは発見しなければならない。アーレントは、いかに自己への愛と神への愛というものが隣人愛に変貌することができるのか、あるいは、変貌する必要があるのかということをずっと論じていた人でした。彼女は『政治の約束』という本で、次のように言っています。

> 仮に私が完全に独りで生きようとも、生きてある限り、私は複数性という条件下で生きることになる。私は自分自身に耐えねばならないし、純粋に考えているとき『私自身と共にいる私』はもっとも明瞭にその姿を現す。なぜなら純粋な思考は、一者の中の二者による対話だからである。（高橋勇夫訳、ちくま学芸文庫）

アーレントにとっての思考は、単に知識を総動員する営みではなかった。それはいつも歴史を含む他者との対話であり、自己との対話だった。未来との対話でもあったでしょう。さらにいえば、やはりそこには超越者との対話もあったと思うのです。

「私」が存在しているということは、複数性の中で存在していることに他ならない。だから、私は常に「私」であるとともに他者を含んだ「私たち」である。さらに、「私」の内にも対話すべきもう一人の私がいる。アーレントは容易に神とは言いませんけれども、内なる超越者がいることも分かっている。そうでなければアウグスティヌスを先のように論じることはできない。しかし、現代人は自己や神、あるいは他者との対話をどこかで手放して、好奇心による自説を展開することと、真の意味で思惟することを混同してしまったのかもしれない。好奇心は隣人の存在を覆い隠すことがある。

「隣人」を哲学の視点から考えるとき、想い出されるのは、『死に至る病』の著者で、デンマークの哲学者であるセーレン・キェルケゴール[9]です。次に引くのは、彼自身の文章ではないのですが、私がとても敬愛している批評家の越知保夫[10]が、キェルケゴールのとても印象的な言葉を残しています。

> キェルケゴールは愛についての思索の中で、キリスト教の教える隣人とは何かという問題について、あなたがいま部屋で神に祈りを捧げた後その部屋を出て最初にばったりと出会った人がすなわちあなたの隣人であると言っている。(『新版　小林秀雄　越知保夫全作品』、慶應義塾大学出版会)

ここで問われているのは、先に山本さんが「善きサマリア人」にふれつつ、お話しくださった「隣人」をめぐる考察とも深くつながる問題です。人は隣人を選ぶことはできない。隣人は私たちが発見するものではない。愛――あるいは「神」といってよいのかもしれませんが――が私たちと隣人とをつなぐとキェルケゴールはいう。

隣人とは誰かという問題よりも、隣人という実在もまた、現代哲学が見失いつつあるのではないでしょうか。隣人という概念は存在する。しかし、血の通った人間をそこに感じることはできない。ベルクソン[11]は『思考と動き』で、現代哲学における人間というのは人間の姿をしていないと書いています。飲みも食べもしない、夢を見ることもなければ失望もしない、そういう不気味な存在が「人間」という言葉で語られているのが現代哲学なんだと述べています。

しかし隣人は、もっと厄介な、とても生々しい、拒絶しがたい存在として私たちの前に現れる。隣人を見失うとは、自己を見失うことにほかならない、とキェルケゴールは感じています。逆の言い方をすれば、隣人を見出すことによって人は自己に近づいていくともいえる。

キェルケゴールは『愛のわざ』の「義務とは何か」という章の中で「互いに愛の借りを

負い続けることがわたしたちの義務である」（武藤一雄・芦津丈夫共訳、白水社）とも述べています。私たちは隣人に愛の負債を永遠に負っていて、それを返し続けなくてはならない。「私」が単独に存在するということはあり得ず、「愛の借り」のような力によって、人間は存在しているのだというのです。そして、「借りを負い続ける」という関係こそ、神と人の関係にほかならないとキェルケゴールは考えている。

死者も含めて「隣人」である

若松　キェルケゴールは、隣人には死者まで含めなくてはならないと言います。『愛のわざ』の終わり近くで、キェルケゴールは生者と生者の愛だけでなく、生者と死者の愛を、やはり「義務」という言葉を用いながら述べています。

> なぜなら、死者に対してわたしたちは明らかに義務をまた負っているからである。もしわたしたちが現に見ている人々を愛すべきであるならば、わたしたちが見たことはあるが、死によって奪い去られたゆえに今はもう見ることのできない人々をもおそらくまた愛すべきであろう。ひとは死者を嘆きやわめきによって煩わせてはならない。

ひとは死者に対して、眠っている者に対するように、間もなくひとりでに目を覚ますことを望むがゆえにあえて起こそうとは思わない眠っている者に対するように振舞うべきである。

死者に対して義務を負う、つまり私たちは死者からの愛によって生きているということを彼は、はっきりと述べている。これは実はキェルケゴール自身の発見というよりも、プラトンの『パイドーン』の中でソクラテスが言っていることでもあります。

キェルケゴールはさらに畳みかけるように死者への愛は生者間のそれに優るとも劣らないちからをもっていると語ります。

「私たちが愛において死者を憶《おも》うということはもっとも無私なる愛の行為である」。あるいは、「私たちが愛において死者を憶うということはもっとも自由な愛の行為である」。そして、「私たちが愛において死者を憶うということはもっとも信実な愛の行為である」と書く。生者の死者への愛は、もっとも無私なかたちであり、自由であり、信実なものである、というのです。

キェルケゴールは実存主義の祖であるように語られることがあります。しかし、二十世紀における実存哲学は無神論と結びついた。無神論であることが実存主義者であることの証だとサルトル[12]自身は明言しています。しかし、サルトルが、彼が語ったような人間だったかどうかは別な問題です。井筒俊彦はサルトルのなかに稀代の神秘家を見ています。

一方、サルトルと同時代の哲学者ガブリエル・マルセル[13]は、しばしばキリスト教実存主義者と呼ばれたのですが、その呼称を強く拒んだ。世にいう実存哲学はこの世のことしか問題にしていないけれども、自分はむしろ、身体的生命が終わった後の世界まで含めた哲学を志向しているというのです。事実、死者論はマルセルの哲学の中核にあったからです。

東日本大震災から十年を迎え、いま私たちはコロナ禍の真っただ中にいるわけですが、やはり死と死者を抜きにした哲学は、作り物としての世界を論ずることになるのではないかと改めて感じています。

アウグスティヌスと実存主義

山本　「実存主義」という話が出てきましたので、アウグスティヌスの原体験についての興味深い仕方で分析が含まれているランツバーク[14]の『死の経験』（亀井裕・木下喬訳、紀伊國屋書店）という本を紹介したいと思います。ランツバークは、二十世紀ドイツの哲学者です。この本の中で、彼はアウグスティヌスの若い時の危機的な経験を、現代的な実存哲学の原点だと捉えているんです。

> そしてこの箇所〔親友の死の箇所〕のすぐあとで、なんの誇張もなしに言って、実存哲学が読者の面前で誕生するのだ。「私自身が自分にとって大きな問いとなりました」。実存哲学が希望と絶望の間を動くのは、われわれの本質そのものであるこの問いの中でのことだ。実存哲学とは、人間が自分自身の人間としての存在を把握し、獲得しようとする哲学なのである。

アウグスティヌスの『告白』の面白さはこういうところにあります。一見ただの偶然的な出来事に過ぎないように見える個人的な経験についての記述が、千年単位で哲学にインスピレーションを与える一文になっていく。アウグスティヌス哲学という非常に広がりと深みのあるもの全体の基盤になり、さらには、現代のアーレントやランツバークにまで至るのです。

若松　『告白』は本当に魅力的な古典です。哲学と神学のあわいにいかに豊かなものがあるのかを思い起こさせてくれます。

確かにキェルケゴールは哲学者として認識されているわけですが、彼の文章を生で読むと、この人の本領は説教者です。「神の言葉を運ぶ人」というのが、彼の本質だったと思うのです。それはアウグスティヌス以来の伝統かもしれませんね。

キェルケゴールは『愛のわざ』の中で面白いことを言っています。「本質的に叙述しえないことは、本質的にはあらゆるところで全的に現前しているからである」。叙述し得ないものはありありと遍在しているというんですね。これはすなわち神、あるいは神の働きのことを言っているんだと思います。神の愛は遍在している、だからこそ叙述し得ない。キェルケゴールが哲学者と説教者の間に立ち続けなければならなかったのは、叙述し得ないものから離れることができなかったということだと思うのです。彼はアウグスティヌスが語ったように愛と永遠の不可分の関係にも言及しています。

愛を措いていったいなにが時と永遠を結びつけるであろうか。そうであるからこそ、
愛はすべてのものの上に立ち、すべてのものが過ぎ去ったときにも存続するのである。
（『愛のわざ』）

現代哲学者でも、時間や永遠を考える人はいる。しかし、その場合の永遠は、未来への無限に続く延長である場合が多い。アウグスティヌスやキェルケゴールの考えていた永遠はまるで違うものです。それは「永遠の今」です。永遠は彼方の存在でありながら、今にも臨在する。アウグスティヌスが語る神のようにです。アウグスティヌスやキェルケゴールの哲学は今日性もありますが、じつに豊かな現実性もある。現代哲学よりも現代の深層を明らかにしているように感じます。

祈りについて

若松　仮に神学の必要性が疑いなかったとしても、それを日常生活の中でどのように具体的に感じ、実践していくことができるのか、という問いが残る。

神学書を読むことももちろん重要な営みですけれども、私たちが神学的地平を生きていく際に重要なのは生活的実践、なかでも祈りではないかと考えています。危機が訪れたとき、人は祈るほかないという地平に立つ。そこで祈りを深めることは、そのまま危機に深く直面していくことになる。そこでこそ、個は隣人へと開かれていく契機ともなると思うのです。

序章でもふれたグァルディーニに『祈るとは…』という本があります。グァルディーニはファシズムと戦った人でもあって、ファシズム政権に大学から追放されるという憂き目に遭った時に書いたのが、この祈りの本でした。彼は、「祈りとは神と交わること」を大前提に、「〔祈りの場とは〕『事が遊びでなくなる』場所、屈することなく堪え抜かねばならない場所であり、自分自身の自己が生ける神によって呼び掛けられている場所」だと述べています。こういう厳粛な場、「遊びでなくなる」場、自分自身と真剣に向き合わなくてはならない場、あるいは将来というものが祈りによって実現される、というのです。

　これは私がコロナ禍で経験したことに近似しているのです。いろんな情報を集めてみても、いろんなことを考えてみても、なかなか態度は定まらず、不安に追い立てられるようなことがあった。しかし他方で、祈りの中で自分自身と深くつながり、他者とつながり、神とつながることを思うと、別な地平、別な視座へと導かれる。それがこの二年間という月日だったのです。グァルディーニはさらに、祈りの場について次のように続けます。

> 　この場所の、要求を突きつけてくる静寂は人間には不快なものとなり、人間は逃げ出すことになります。その人に向けられている命令がその人のほうに近づいて来る場

所であるとともに、ただその人ひとりだけにとっての「指定席」となる筈の場所でもあるこの聖なる「此処」からは、人は絶えず逃げつづけることになります。（『祈るとは……』山辺建訳、エンデルレ書店）

祈りの場とは、私が私であることを確認する場所だけれども、そこにはある厳粛さ、ある不快さが伴うというのです。これも真実で、祈りとは、この「不快なもの」との闘いだともいえる。ただ、その闘いを経て、人は自らの場所を発見する。つまり、人の迷いは、自分の場所にいないことによって起こる、とグァルディーニは考えている。だからこそ、彼は「祈りを離れるなら、その瞬間に、その人は一番どうでもよいことをすることにもなりうるのです。神をも自分自身をも欺くことを人間は止めねばなりません」ともいうのです。

コロナ禍の最初の頃、祈りを忘れたような日々がありました。あまりに不可解なことが起こってしまって、自分と向き合うことがうまくいかなくなるということがあったのです。そのときの自分の行動をふりかえるとまさに「どうでもよいこと」に心を砕いていたようにも思います。もっと真剣に向きあうべきものがあるにもかかわらずです。それは結果的に、自己と他者、そして神をも欺くということになりかねない。祈りというものは、そういうところから脱却する契機になり得ると思うのです。グァルディーニは、また、祈りとは、神と共に在るがゆえの自己の発見に至るとも述べています。

> 祈っている人は、心を統一しているなかで、「ここに神がおられる——そしてここにわたしもいる」と言います。このことを実際に実行しようとするとき、ひとつの極めて重要な意味状況をその人は覚ることになります。すなわち、その人は「ここに神がおられる」と「ここにわたしがいる」という二つの文章において「いる」という語が別々の意味を持っていることに気が付きます。（同前）

この一節は、まさに祈りの深奥を描いています。「ここに神がおられる」という時の「いる」と、「わたしがここにいる」時の「いる」は、同じ「いる」という言葉だけれども位相が違うということを、私たちは祈りの中ではっきり経験する。祈りのとき、人は、自らを神のうちに存在する者として認識する、というのでしょう。

神は実在する。そして、人は神という実在のなかに存在する、ともいえるかもしれません。実在するものは、他の何ものにも起因しない。しかし、存在者は実在のはたらき無くしては存在し得ない。このことをもっとも深く認識できるのは祈りの場ではないかとグァルディーニはいうのです。つまり、祈りの場は、きわめて高次な神学的現場でもある。また、グァルディーニは、祈りは、人を自分自身の中に閉じ込めるのではなく、他者に向かって開いていくはたらきをもつ、ともいうのです。

　自己の人格において祈る際には、人間は神と自分自身のふたりでいるだけです。それに対して、典礼はキリスト教的総体によって担われています。この総体を指す際には「わたし」とは言われず、「わたしたち」という言い方がされます。しかも、この「わたしたち」は多数の個別者が集まって来ていることを意味しているのみではありません。このわたしたちは、単なる合計ではなく、ひとつの全体、他でもなく教会なのです。この人が、あるいはあの人が、あるいは数多くの人々がこの教会から離れていったとしても、この教会はなお存立を続けます。なぜなら、この教会の存在は、分かち合いを求める個別者たちの欲求に発するものではなく、人類全体を全体として摑んでおられる神の創造意志に発しているからです。（同前）

祈りというと自分に閉じこもるような、どこか閉鎖的な印象があるかもしれませんが、その実態は逆で、沈黙のうちに、その心は不可視な他者とつながっている。そればかりか、いつしかその人は「わたし」という主格ではなく、「わたしたち」という立場で世界を感じはじめるようになる、というのです。

さらに印象的なのは「数多くの人々がこの教会から離れていったとしても、この教会はなお存立を続けます」という一節です。これが書かれたのは一九四三年、第二次世界大戦の状況が極めて深刻化したときです。グァルディーニは、極端な話、教会に集う人々がいなくなったとしても、「教会」は存続するというのです。

前者の教会は、建造物、あるいは組織としての教会です。しかし、後者の「教会」は神のはたらきの場としての教会です。その教会は、キリスト者だけのためにあるのではない。それは「人類全体を全体として摑んでおられる神の創造意志に発している」とグァルディーニはいうのです。これは教皇フランシスコの教会観とも著しく一致します。

教皇フランシスコ以前まで、回勅はキリスト教徒に向けて書かれた教皇からの公的書簡だった。しかし、後にお話しする『ラウダート・シ』は「すべての人に向けて私は書く」というところから始まっています。キリスト教を、キリスト者のための信仰共同体であることから、人類全体のものの「共通の家」に変えていったわけです。それが教皇フランシスコの最大の改革だったと思いますし、その精神がすでに、ファシズムと戦うという大きな危機のなかでつむがれた、祈りをめぐるグァルディーニの著作で述べられている、というのもとても意義深いと思うのです。

そして、祈りという営みは、さまざまな思想的論議よりも広く、深く私たちの生活と関係しています。実際、特定の信仰を生きていなくても、祈りという経験はあると思うのです。さらにいえば、意識せずとも、その人の心から内発的に起こってくるとさえいえる。

危機に直面するための祈り、沈黙

山本　祈りというと、日本では、「苦しい時の神頼み」のようなものとして捉えられることがあると思うんですが、いま若松さんのお話を聞いていて私が思い出したのは、遠藤周作[15]の「苦しい時に神頼みできるというのはすごいことだ」という意味の言葉です。キリスト教徒であって普段は簡単に祈ることができても、何か大変なことが起こると、祈ることすらできなくなるということがある。だから祈りというのは、祈ることができるというのは、危機にきちんと直面することができるということでもある。単に何か解決を与えてもらうということではなくて、祈る中で危機に深く直面していくことができるわけです。

また、グァルディーニは二十世紀を代表するカトリックの神学者の一人なわけですが、そうした神学的な素養があって初めて、祈りについて深い経験をすることができているのだと分かりますよね。祈りというのは素朴なもので、神学というのは抽象的で小難しいものだと思われがちですが、単純にそういう二分法ではなくて、神学というものが、祈りというような仕方で現実の危機に直面していく力を与えるものだということが、グァルディーニの祈り論から見て取ることができるのではないかなと受け止めました。

若松　コロナ禍では、いろんな分野の人たちが、専門領域を超えて討論する機会が増えていたように感じています。まるで分野を超えて対話することが、最適解につながるのだといわんばかりに、です。それが無意味だとは言いません。しかし、どこかそれぞれが表層をなぞっているような感は否めませんでした。その分野からの視点は鮮やかなのですが、困窮している人間の姿は浮かんできにくいのです。

その一方で、神学が教えてくれるのは沈黙の力だと思うのです。沈黙という「コトバ」のはたらきといってもいいかもしれません。哲学者の井筒俊彦は、言語である言葉に対して、それを包含しつつ、超えている意味そのものを「コトバ」と書くことがありました。

危機において重要なのは、言葉だけでなく「コトバ」である、とも思うのです。

人は未来が見えないことに恐怖を感じる一方で、自分が生きている今に対しては畏怖の感覚を持っている。恐怖と畏怖とは同じもののように思われてまったく違っていて、畏怖の感覚というのは沈黙との関係を取り戻してくれるものです。そして祈りの力とは、沈黙の力に他ならない。そういうことを厳然たる経験として語り得るのは、神学ではないでしょうか。

もちろん哲学が沈黙ということを問題にしないというのではありません。沈黙というものを危機における実際的な力に変換できる叡知は神学のほうに豊かに備わっていて、私たちはその助けを借りることができるのではないか。哲学は沈黙とは何かを語ってくれるんだけれども、沈黙の力を実生活のほうにまで呼び起こしてくれるところまではなかなか行かないのではないかと思うのです。

『沈黙の世界』の著者で、ドイツに生まれ、スイスを拠点にしたマックス・ピカート[16]という哲学者がいます。彼は、「知ること」と「信じること」が出会うのは、言葉の世界ではなく、沈黙の世界である、と書いています。その場所をピカートは「始原」という表現で述べ、次のように書いています。

沈黙は、愛、真心、死など、他の始原的現象を蔽っている。そして、それらの始原現象のなかには、外部に現われているよりもより多くの沈黙がある。つまり、愛や真心や死のなかには、それらが愛、真心、死として外部に現われているよりも一層多くの沈黙が宿っているのである。（『沈黙の世界』佐野利勝訳、みすず書房）

「始原」は、「原始」とはまったく位相を異にするものです。「原始時代」は、古い過去の時代を意味しますが、「始原」は、永遠なる場所にほかなりません。沈黙は、私たちを単なる過去に引き戻すのではなく、永遠なる地平に導くというのです。これは私が祈りのなかで経験したこととも強く呼応するのです。

山本　「沈黙」というのはとても興味深いテーマで、ウィトゲンシュタイン[17]も「語りえないことについては、沈黙しなければならない」という有名な言葉を残していますね。トマス・アクィナスも晩年、深い宗教体験をして、「私が見、私に示されたことに比べると、私が書いたすべてのことは藁屑《わらくず》のように見えるのだ」と言って書くのをやめてしまう。これは、語るべきものを持たない、あるいは心が空虚だから言葉が出てこないのではない。むしろ沈黙においてこそ、最も深い何ものかとの触れ合いが感じられる、そういう沈黙ですよね。

若松　その通りですね。言葉を遮断する沈黙ではなく、言葉を柔らかに包み込む沈黙です。同じ本でピカートはさらに次のようにも書いています。

> もろもろの始原の現象のまえに立つとき、われわれはふたたび太初の発端に立たされているようである。その時われわれは、われわれが日常それと共に生活している「単なる派生的現象」（ゲーテ）を棄ててしまっているのだ。（『沈黙の世界』）

ここで「太初」と訳されているものは、「ヨハネによる福音書」の「初めにみ言葉があった」というときの「初め」と同質なものです。先にアーレントにふれ、愛と欲望の区別をめぐって話しましたが、欲求、あるいは欲望は、「単なる派生的現象」に導かれていくともいえる。しかし、沈黙は私たちをそこから引きはがし、永遠なるもの、始原的なものに導くというのです。

始原的なものと直面したとき、私たちが感じるのは、驚きや恐怖であるよりも畏怖です。畏怖の感覚こそ、もっとも始原的な神学感覚といえるのではないでしょうか。私たちはそれを再び目覚めさせなくてはならない。畏怖の感覚はすべての人にすでに与えられているものです。それは原初的な宗教感覚でもあるからです。しかし、現代人がそれを封印している。『聖なるもの』を書いた宗教現象学のルドルフ・オットー[18]は、われわれが聖なるものに直面したとき最初に感ずるのは畏怖であることを繰り返し論じています。畏怖とは、人間が小さくなっていくときに起こる感情です。矮小化されるのではなく、大いなるもののうちに自らの場所を見出していくという感触です。畏怖の感覚はそうやって私たちと沈黙との関係を取り戻させていくのだと思うのです。

「観想」とは何か

若松　日常生活の中で危機に向き合う実践としてもうひとつ取り戻してみたいのは、観想（contemplation）です。

　のちに改めてふれることになると思いますが、キリスト教神秘主義の巨人といってよい十字架の聖ヨハネ[19]の言葉を読んでいると、観想といわゆる瞑想（meditation）とをはっきり分けています。瞑想は何かをイメージすることだけれど、観想は、神のただなかにわが身を置いてみることだというのです。

「観」は、人生観という言葉に表現されているように、見るということではなくて、見えつつあるということです。現代は「見た」とか「見る」とか、時間軸の短いことに慣れているんだけれども、神学的次元というのは、見えつつあるという、持続的な営為としての「観る」という行為の上に成り立つともいえるのではないでしょうか。

今のこの短くない危機の時代の中で、さまざまなものが瞬間的、あるいは短期的に見えて分かるというのではなく、緩やかに見えつつあるありようを、私たちはもう一度受け入れ直す必要があるのではないか。さらにいえば、多くのことをはっきりと見通せないことを前提に言葉を発していくことも求められてくる。そして、そうしたときの発言は、結果を云々《うんぬん》するのではなく、その本質を問うことになるのだと思います。対象の being を「見る」だけではなく、becoming を「観る」視座が必要なのです。

ここでもう一人挙げてみたいのが、トマス・マートン[20]という二十世紀の思想界の人物です。井筒俊彦もマートンを読んでいたし、マートンは生涯のなかで出会った最も印象深い人物として鈴木大拙[21]の名前を挙げています。神父でもありながら、アメリカの思想界に今もなお影響を持っている。この人に *What Is Contemplation?*（『観想とは何か』）という本があります。その中でマートンはこんなことを言っています。

精確にいうなら、観想は一種類しかない。厳密かつ正確な意味において観想は、神に注がれた〔infused〕観想、神秘なる観想である。（トマス・マートン『観想とは何か』若松訳）

神にinfusedされたような観想が本当の観想なのだと言う。その状態をめぐって、マートンは次のように述べています。

こうした（社会のなかで生きている）人びとは、神とともに生き、そして働いている。神が、自らの内にいることに気がついている。そして、神と共にあって、深い安らぎ〔deep and peaceful joy〕を味わっている。（同前）

マートンは喜びをめぐって「peaceful joy」と表現する。「安らぎ」と私は訳しましたが、安堵《あんど》といってもよい。それは神学というものが私たちにもたらし得るとても大事な経験だと思うんです。私たちは喜びというと、ある歓喜の経験として捉えがちかもしれませんが、「ピースフル・ジョイ」という感覚は私たちが危機を生き抜いていく時にとても大事だし、神学がもたらしてくれる私たちへの贈り物ではないかと思ったりもします。さらにマートンはこう言っています。

> 観想は知的〔intellectual〕経験である。神が限りない愛であること、神ご自身を私たちに与えられたこと、したがって愛こそが問題であることを知的に経験する。（同前）

ここでいう「知的」というのも、頭で理解するというよりも、全身全霊で不可視なものを経験していくということです。本来の意味での知的なものを取り戻していくためにも、観想というものが求められていると思います。

アリストテレスは『ニコマコス倫理学』の中で、観想をとても重んじますね。この本の終わり近くでアリストテレスは、「観想」をめぐって、次のように述べています。

> 人間の完全な幸福とは、観想生活である、ということになるだろう。（中略）
> こうした生活はしかし、人間の次元をこえたものであるかもしれない。というのは、人がそのような仕方で生活できるのは、彼が人間であるかぎりにおいてではなく、彼

の内に何か神的なものがそなわっているかぎりにおいてだからである。そして、この神的なものが複合的なものにまさっているだけ、それだけその活動もまた、他の徳に基づく活動よりもまさっているものである。したがって、もし知性が人間と比べて神的であるならば、知性に基づく生活もまた、人間的な生活と比べて神的なのである。

（『ニコマコス倫理学』朴一功訳、京都大学学術出版会）

「観想」というのは、自己発見の道程であるだけでなく、内なる神性を見出す道行きでもある、というのです。これは哲学者の言葉でもあるのですが、ほとんど神学者のそれでもある。「神的」なものと結びつくことは、「徳に基づく活動よりもまさっている」という指摘も、実に重要です。神学的実践は、倫理を超えた場所に人間を導くというのでしょう。

しかし「観想」という言葉はあまり馴染みがないと思います。山本さんはご専門でもあるので、改めてご説明いただけますか。

山本　「観想」と訳されているギリシア語はtheōria《テオーリア》という言葉で、現代の英語のtheoryの語源になる言葉です。このセオリー、日本語に訳して「理論」と言うと、何かできあがった抽象的なものを意味することが多いと思うのですが、そういうものとは少し違うのです。

もともとthēōriaという名詞はテオーレイン、「観る」という意味の動詞に由来します。だから日本語に訳すときにも、観るという字を入れて「観想」と訳すわけです。thēōriaは、ものをありのままに見る、しかも個別的なものを一つ一つ観るだけではなくて、宇宙全体にありありと触れてその本質を観て取っていくことなんです。もっとも生き生きと、ありありとものの本質に触れ合っていくこと。そしてそれが与える喜びこそ、人間をさまざまな危機や困難の中で支え、力を与えるものだと言うのです。

だからこそ、中世の神学者たちは、キリスト教的な生き方の中でthēōria——ラテン語だとcontemplatio《コンテンプラチオ》と言うんですが——これを軸に活動しようとしたんですね。慈善活動などではなく、祈りによる観想を重視する修道会なども生まれてきた。しかし観想修道会などは、フランス革命後に非常に目の敵《かたき》にされ、「実際的」な活動を重視する近代的な社会ではわきに追いやられてしまった。今のわれわれが置かれている状況にどう直面していくかを考える時、この伝統を回復するのは、非常に重要なことだと思います。

若松　キリスト教だけではなく東洋においても、観想と実践が相対するものとして論じられてきた歴史があると思います。しかし、アリストテレスの時代までさかのぼってみると、観想こそ究極の実践である、ということになる。

かつての哲学者たちは、今、私たちが考えている哲学的地平よりももっと深いところに生きていた。だから、現代的な哲学的常識において古代の哲学者たちを読んでいくと、そこには思わぬ陥穽《かんせい》、落とし穴があるのではないか、ということは指摘しておきたいと思います。

山本　トマス・マートンは私もとても好きな著者で、若松さんもおっしゃっていたように東洋の霊性も結び合わせて深い霊性を築き上げつつ、非常に深く実践的な問題にコミットした人物ですね。

さきほど若松さんが引用してくださった箇所を読むだけでも、トマス・マートンが古代以来の神学の良質な部分を、ものすごく骨太に、学者とは違う大摑《おおづか》みな仕方で捉え、受け継いで、表現し直してくれていることがわかります。例えば「神に注がれた」をinfusedと書いていますが、これはトマス・アクィナスに代表される伝統的な神学において形成された徳論ともつながります。徳には、自分の行為の積み重ねで形成される「獲得的徳」だけではなくて、神によって注入される「注入徳」というものがあるのだとトマス・アクィナスは言うのですね。「注入徳」はラテン語でvirtus《ヴィルトゥス》 infusa《インフーサ》で、まさにinfusedと直結する言葉が使われているんです。神と人との深い関わりというのは、人間の側の努力だけではなく、神から何か注ぎ込まれるような仕方で獲得されるところがあるのだと。まさに

infused はそういうあり方を表現しているわけです。

そして「観想は知的〔intellectual〕経験である」に含まれている intellectual というマートンの言葉も、明らかに、ラテン語の intellectus《インテレクトゥス》 という言葉を意識して使われています。トマスは、人間には大きく分けて二つの知的な能力があると考えます。intellectus と ratio《ラチオ》 です。intellectus は英語で言えば intellect に、ratio のほうは reason になるわけですが、ratio が分析的にあれこれ考える能力で、もともとアリストテレスにおいてはギリシア語でロギスモス（λογισμός）と言われていたのに対して、intellectus はヌース（νοῦς）という概念で、直観的に全体を見て取る能力です。

ですから、「観想は知的経験である」とマートンが言うとき、観想はあれこれ考えるような経験だと言っているのではなく、むしろ、人間のこと、自然界のこと、宇宙のこと、神のことがいっぺんに、全体が浮かび上がって見えてくるような経験だというわけです。だからこそ、それは深い喜びも与えるし、人間を深いところで動かして、他者との愛の関係をも自ずと促していくような経験なのだと言っているのです。

マートンを読むだけでもそれは明らかですが、古典的な神学の知識があるとよりよく理解できるところがあるし、逆にマートンを扉にすることによって、古典的な神学の豊かさが実践とも結び合わせて浮かび上がってくるような、とても稀有な書き手だと思うんです。マートンも今のような時代にあらためて読んでみることに深い意味がありますね。

若松　アリストテレスの影響を強く受けていたアーレントもまた観想という営みの重要性に気がついていた。『人間の条件』の最後は次のような言葉で締めくくられています。

> 活動的であることの経験だけが、また純粋な活動力の尺度だけが〈活動的生活〉内部のさまざまな活動力に用いられるものであるとするならば、思考は当然それらの活動力よりもすぐれているであろう。この点でなんらかの経験をしている人なら、カトーの次のような言葉がいかに正しかったか判るであろう。「なにもしないときこそ最も活動的であり、独りだけでいるときこそ、最も独りでない」（志水速雄訳、ちくま学芸文庫）

ここには生産性を核に据えた現代に対する強烈な異議申し立てがある。人は独りでいるときこそ、他者と「つながる」。ここでは明示されていませんが、それを実現できるのは、神の恩寵と愛です。コロナ禍にあって、一人でいることを強いられている今こそ、こうしたアーレントの言葉をもう一度かみしめてみたいです。

注

（1）**ハンナ・アーレント**（一九〇六－七五）哲学者、政治思想家。ハイデガー、ヤスパースに師事する。ナチスの迫害を逃れてアメリカへ亡命。二十世紀の全体主義を生み出した現代社会の病理と対決することを生涯の課題とした。主著に『全体主義の起原』『人間の条件』『革命について』など。『人間の条件』では、人間の内発的な能力を「労働」「仕事」「活動」の三つに分け、「人間の条件」を考察した。

（2）**石牟礼道子**（一九二七－二〇一八）作家、詩人。熊本県天草生まれ、水俣育ち。一九五六年、詩人・谷川雁の「サークル村」に参加し、詩歌を始める。水俣病患者と、その家族への苦闘をまとめた『苦海浄土』で知られる。水俣病問題を通じて命の尊厳を問い続けた。他の著書に『椿の海の記』『アニマの鳥』など。

（3）**アッシジの聖フランシスコ**（一一八二－一二二六）イタリアのアッシジ生まれ。フランシスコ会の創設者。財産所有を否定して清貧を貫いた。自然のあらゆる存在を兄弟姉妹と呼び、キリストに最も近い聖者として知られる。その霊性は、二十世紀の教会改革運動にまで強く影響を及ぼしている。

（4）**ウィリアム・ブレイク**（一七五七－一八二七）イギリスのロマン派の詩人、画家、神秘思想家。産業革命を背景に、思想の潮流であった啓蒙主義や合理主義に反発し、人間の魂の追求に向かった。スウェーデンボリの思想に影響を受ける。詩の代表作に『無垢と経験の歌』『天国と地獄の結婚』、絵画作品に『憐み』『目の老いたる者』『ニュートン』など。

（5）**ダンテ・アリギエーリ**（一二六五－一三二一）フィレンツェ出身。イタリア文学最大の詩人にして政治家でもあった。主著『神曲』は古代ローマの詩人ウェルギリウスと共に地獄、煉獄を巡り、ベアトリーチェに導かれて天国を旅する叙事詩。

（6）**ジョン・バニヤン**（一六二八－八八）イギリスの宗教家、物語作家。代表作の小説『天路歴程』はクリスチャンとその妻が、「滅亡の市」から「落胆の沼」「虚栄の市」を経て「天の都」に至るまでを描く。

（7）**エゼキエル**　『旧約聖書』に登場する、紀元前六世紀のバビロン捕囚時代のユダヤ人預言者。預言者としてのエゼキエルは、捕囚されて五年目に神の召命を受けて活動を始めた。故国イスラエルの運命をさまざまな比喩や象徴をもって預言した。エゼキエルの豊かな想像力は、その多くの比喩的な表現にみられる。

（8）**稲垣良典**（一九二八－）中世スコラ哲学研究者。トマス・アクィナスの『神学大全』の訳者のひとり。主著に『トマス・アクィナスの神学』『習慣の哲学』など。

（9）**セーレン・キェルケゴール**（一八一三－五五）デンマークの哲学者、思想家。合理的な近代の理性だけでは割り切れない実存を考えた実存主義の創始者とされる。主著『死に至る病』では、人間とは絶望の淵に追いやられても生きざるを得ない存在であるとして、絶望を罪だと考えた。他の著書に『不安の概念』『あれかこれか』など。

（10）**越知保夫**（一九一一－六一）詩人、批評家。学生時代、左翼運動に参加して投獄される。その後、発行人が吉田健一、中村光夫らが同人であった雑誌『批評』に詩を寄稿。後年「小林秀雄論」「ルオー」などを書く。生前著作を発表することはなかったが、のちに遠藤周作、島尾敏雄といった小説家などもその言葉に強く反応した。

（11）**アンリ・ベルクソン**（一八五九－一九四一）二十世紀フランスを代表する哲学者。真の実在は純粋持続であり、直観によってこそ生きた現実が把握されるとする独自の経験論を確立した。ノーベル文学賞受賞。著書に『時間と自由』『物質と記憶』『創造的進化』『道徳と宗教の二源泉』など。

(12) **ジャン＝ポール・サルトル**（一九〇五―八〇）哲学者、小説家。今まさに生きている自分自身の存在である実存を中心とした思想（実存主義）を展開した。もし神が存在するのであれば「本質が存在に先立つ」ことになるが、神がいないとすれば「実存は本質に先立つ」のであり、それが人間の置かれた状況であると主張した（無神論的実在主義）。主著に『存在と無』『実存主義とは何か』など。

(13) **ガブリエル・マルセル**（一八八九―一九七三）現代を代表するキリスト教の哲学者の一人。実存を基盤に他者論、死者論を展開し、その思想はレヴィナスやメルロ＝ポンティの先駆となった。哲学的、神学的問題を核にした多くの劇作も残している。主著に『形而上学日記』『存在と所有』『存在と神秘』がある。

(14) **パウル・L・ランツバーク**（一九〇一―四四）二十世紀ドイツの哲学者。著書に『死の経験』など。

(15) **遠藤周作**（一九二三―九六）小説家。「神なき日本人の罪意識」をテーマにした『海と毒薬』でキリスト教作家としての地位を確立。以後も日本の精神風土とキリスト教との相克をテーマにした。主著に『沈黙』『深い河』など。

(16) **マックス・ピカート**（一八八八―一九六五）ドイツの医師だったが、スイスに移り著述家に。著書に『神よりの逃走』『われわれ自身のなかのヒトラー』など。

(17) **ルートヴィヒ・ウィトゲンシュタイン**（一八八九―一九五一）オーストリア生まれの哲学者。バートランド・ラッセルの影響を受けながら、事実と言語の対応を明らかにしようとした。主著に『哲学探究』『論理哲学論考』など。

(18) **ルドルフ・オットー**（一八六九－一九三七）ドイツの宗教哲学者。代表作『聖なるもの』では宗教の非合理的で神秘的など「聖なるもの」の本質を「ヌミノーゼ」と名づけ、独自の理論を展開した。古代インド神話学にも通じていた。ユングによって牽引され、井筒俊彦、鈴木大拙なども参加したエラノス会議の命名者でもある。

(19) **十字架の聖ヨハネ**（一五四二－九一）十六世紀を代表するスペインの神秘思想家、カトリック司祭。修道会カルメル会の改革に取り組む。主著に「神の一致に至るまでの過程」を八篇の詩の形式で表現した『暗夜』、『カルメル山登攀』『霊の賛歌』など。

(20) **トマス・マートン**（一九一五－六八）フランス生まれの司祭、作家。幼少時にアメリカに渡り、黒人の人権運動、平和運動に深く関わる。自叙伝『七重の山』でピュリッツァー賞を受賞、ベストセラーになった。他の著書に『現代の聖人とは？』など。

(21) **鈴木大拙**（一八七〇－一九六六）仏教学者。東京大学在学中に鎌倉の円覚寺で座禅を学んだ。のちにアメリカで編集者をしながら仏教についての著作を英語で記し、禅文化を海外に広く知らしめた。ユングとも交流を持ち、ジョン・ケージやサリンジャー、ジャック・ケルアックなどのビート・ジェネレーションにも影響を与えた。著書に『日本的霊性』『禅と日本文化』など。

第四章　「危機」こそ「画期」である

危機は画期になり得る――アウグスティヌスの神学の成立

山本　前章まで「コロナ」という「危機」を哲学、神学の観点から見てきましたが、「コロナ」という「危機」を手がかりにしつつも、より広い歴史的視座のもとに、「危機」こそ「画期」だということをもう少し長い時間軸の中で、神学的に語ってみたいと思います。歴史上の代表的な神学者の神学を歴史の中に位置付けてから、現代を代表するキリスト教の思想家の一人である教皇フランシスコの思想をそういう観点から見ていきたいと思います。

　まず、古代末期のキリスト教の基本を築き上げた代表的な人物であるアウグスティヌスの思想について見てみたいと思います。アウグスティヌスについてはたびたび触れてきましたが、これまでは主に『告白』に基づいて、アウグスティヌスの個人的な人生における危機という観点から見ていたわけです。今度は当時の歴史的な状況の中に位置づけるような仕方で、危機という観点からアウグスティヌスの神学を見てみたいと思います。

　アウグスティヌスは前半生でキリスト教に回心して、後半生はキリスト教の司教としてアフリカで重要な実践的役割を担ったわけですが、その中で、異端との対決が重要な課題になっていったんです。キリスト教の歴史というのは正統と異端との対決という観点から捉えることが重要で、しばしば正統派というのは非常に不寛容で、自分とは違う考え方を抑圧したという観点から批判的に捉えられることがあります。それはそれなりにもっともなところもあるのですが、実際に正統と異端の歴史を見ると、それだけではなく、やはり「異端」の偏狭さというものがあるんです。

異端とは英語でヘレシー（heresy）と言いますが、ヘレシーという英語はαἵρεσις《ハイレシス》という古代ギリシア語に由来していて、「選択」という意味なんです。つまり、キリスト教の教えの中には、多様な側面があるけれども、その中の一つの側面にのみ入れ込んで強調していくのが「異端」というものです。アウグスティヌスの対決した代表的な「異端」の一つに、ペラギウス[1]（三五〇頃－四二〇頃）に由来するペラギウス派というものがありますが、これは「異端」の代名詞のようなもので、現代に至るまで、「彼の考え方はペラギウス派っぽい」と言えば異端的という意味になるくらいなんです。

このペラギウス派とはどのようなものかを理解するためには、「恩寵と自由意志」という、古代以来キリスト教神学において論争の対象となってきた根本問題を理解する必要があります。人間が救済されるのは、神の側からの特別な働きかけ——恩寵——のみによるのか、それとも人間の自由意志が何らかの役割を果たしうるのかという問題です。そしてペラギウス派は、神の恩寵なしに自由意志で人間は救われ得るのだと、自由意志の力を強調する立場です。

それに対して「正統」のアウグスティヌスの立場は、自由意志と恩寵をともに認めるもので、「自由意志と恩寵が協働する」と言ったりもします。神の恩寵と人間の自由意志が相互排除的なあり方をするのではなく、共存して調和的に働くあり方です。「異端」と言われる立場は、ペラギウスの場合であれば、自由意志のみを強調して、神の恩寵を否定するような方向に行くわけですが、アウグスティヌスは、よりバランスの取れた、より総合的な、自由意志と恩寵がともに働くという微妙な立場を確立した。その「正統」の奥行きの深い立場が、基本的に以後のキリスト教の思想史の中で受け継がれていくことになります。

このように、ペラギウス派によって引き起こされた、神による救済というのはどういう仕方で行われるのかをめぐる危機は、危機でありながら、以後千五百年以上にわたって影響を及ぼし続けることになるバランスのとれた神学が形成される機会にもなった。まさにこれこそ「危機こそ画期」という一つの事例と言えるでしょう。

さらに、「異端」とされるものの中にはドナトゥス派[2]というものがあります。当時、ローマ帝国によるキリスト教に対する迫害がなされた際、多くの人がその迫害の激しさにいったんは棄教し、情勢の変化に応じてまた教会に戻ってこようとしたわけですが、ドナトゥス派はそれを認めない非常に厳格主義的な立場だったわけです。アウグスティヌス時代のアフリカでは、むしろドナトゥス派が優勢で力を持っていたのですが、それに対してアウグスティヌスは、一度棄教した人でも教会に戻ってくれば、再び受け入れられるという教えを説いていきました。

　このように見てみると、「異端」の偏狭さというものが見えやすくなってきますね。棄教するのはよくないというドナトゥス派の態度はもちろん間違っていないわけですが、そちらの面のみを強調することによって、弱い人間同士が受け入れ合い、神もそういう人間を受け入れるというようなキリスト教の非常に根幹的な教えが欠落していってしまう。厳格主義が優勢になっていく危機に対して、よりバランスの取れた神学を築き上げていく。これも「危機こそ画期」の事例だと言えると思います。

　教会の秘跡《ひせき》（洗礼などの儀式）に関しても、厳格主義の立場の場合には、背教した司教による秘跡の授与には効果がないと考えました。ミサで司祭が聖別するとパンと葡萄酒がキリストの肉と血に変わるという重要な場面（聖変化）がありますが、背教した司教がミサをする場合には聖変化は起こらないという立場です。このような立場を、「人効説《じんこうせつ》」と言います。人が効果を及ぼす説という意味ですね。他方、アウグスティヌスのほうは司祭のあり方にかかわらず、きちんと儀式を行えば肉と血に変わるという立場を取ります。こちらを「事《じ》効説《こうせつ》」と言います。そしてこのアウグスティヌスの立場は現代に至るまで受け継がれているわけで、危機に直面してこそ、よりバランスの取れた長期的に持続する教えが形成されるということを、アウグスティヌスはいろいろな側面で体現していると言えると思います。

危機こそ画期である——トマス・アクィナスの神学

山本　中世の代表的な神学者であり、現代に至るまでカトリックでは最も代表的とされるトマス・アクィナス（一二二五頃－七四）について考えてみましょう。トマスの神学は何であったのかということを一言で言うと、『聖書』に由来するキリスト教思想と、古代ギリシアに由来するアリストテレスの哲学を統合したものだということになります。他方、トマスの約二百五十年後に登場し、宗教改革の口火を切ったマルティン・ルター(3)（一四八三－一五四六）が「アリストテレスは悪魔の手先だ」とか「人はアリストテレスを捨てることによって初めて神学者たりうるのだ」という趣旨のことを述べ、古代ギリシアのキリスト教成立前の異教の哲学とキリスト教を統合することに批判的であったのを見ても分かるように、トマスの神学というのは非常に微妙な営みだった。

　十二世紀半ばからイスラーム世界を経由して、古代ギリシアのアリストテレスの思想が本格的にキリスト教に入ってくるわけですが、アリストテレスの体系というのは、動物論から人間論、倫理学、政治学、宇宙論に至るまで、つまりこの世界の微細な部分から宇宙全体に至るまで、理性と経験で体系的にとらえる哲学でした。そしてそのなかには、キリスト教の教えと真正面から衝突するように見えるものもありました。例えばアリストテレスの体系の中に世界は永遠であるという考えがあるけれども、これはキリスト教の「あるとき神が創造し、あるとき終わりが来る」という考えと正面から対立するものだった。

　さらにイスラーム世界を経由して入ってきたアリストテレス哲学についての有力な解釈の中には「知性の単一説」というものがあり、これもキリスト教の世界観と対立するものでした。これは、人間というのは一人ひとりがものを考えているように見えて、実はそうではないのだ、世界には唯一の究極的な「知性」が存在していて、この「知性」が一人ひとりの人間の精神の中で働くのだ、だからこそ、正しく考えればすべての人の考えが同じになるのだ、という発想なのです。

　これはアリストテレス自身のものではなく、アリストテレスの解釈者によるものなのではないか、いやアリストテレス自身もそのように考えていたはずだなどと様々な議論があるのですが、少なくとも当時、そういう仕方でアリストテレスの解釈が盛んに行われていた。それは、一人ひとりの人間が知性を持っていて、その知性によって人生全体を自分の判断で主体的に生きていく、その積み重ねが最終的に救われたり、救われなかったりということにつながるという、キリスト教の根本的な発想に対する否定にもなり得るわけです。

いま述べた二つの危険性を抜きにしても、そもそもキリスト教以外にこの世界のこと、人間のこと、宇宙のこと、動物のことなどを総合的に体系的に説明し得る世界観が他にあるということ自体が脅威だという側面もありました。自分たちが依拠しているキリスト教の世界観、宗教的な世界観が、絶対的なものではないのではないかという疑念が生じてくるきっかけになってしまうからです。

世界について複数の説明が成り立ち得るということは、キリスト教の世界観も実は相対的なものにすぎないのだ、ということになり、そうなると依拠するものはキリスト教でなくてもいいということにもなるわけで、キリスト教の真理性っていったい何なのだろうということになる。アリストテレスの哲学によって世界が理性的にすべて説明できるということになれば、キリスト教の必要性すら問われることになりかねないわけですね。

実際に当時、そういう危険をはらんだアリストテレス哲学を大学で教えてはいけないという考えもあって、教会当局から禁令が出るようなこともあった。そんな状況の中で、トマスは、あえてアリストテレスを導入して、体系的な神学を築き直す、理性と信仰を統合するような神学を築き上げていったわけです。

現代というのはどうしても理性的にものを考えることが前提になっていますよね。理性は抜きにして信じろと言ってもなかなかできないし、それはむしろ危険だという発想を多くの人が有している。だから理性を重視する現代の世界の中で、キリスト教の存在意義を説明しようとすれば、理性を重視するアリストテレスを統合することによって築き上げられたトマス的な神学体系に基づいた説明は説得力を持ち得るわけですね。これも当時のキリスト教世界に脅威、危機をもたらしつつあったアリストテレスを、むしろ逆に活用することによって、長期的に意味あるキリスト教の神学を築き上げたということで、「危機こそ画期」であることの典型的な事例と言えるわけです。

危機こそ画期である――教皇フランシスコ

山本　そして今回のコロナ危機というものも、一つの大きな「画期」とすることができるのではないか、そのような契機としていこうということを教皇フランシスコはさかんに言っています。『パンデミック後の選択』という本から一節を引いてみます。

> パンデミックからの遅々とした困難な回復を待っている今は、遅れて背後にいる人々を忘れる危険があります。より悪質なウイルス、無関心なエゴイズムというウイルスに侵されるかもしれない危険です。（中略）起きているこの出来事が、わたしたちを内奥から揺り動かすものとなるよう期待します。今こそ、不平等を解消し、人類家族全体の健全性を土台からむしばむ不公正を改める時です。

この説教はコロナパンデミックが始まってすぐに行われたものなのですが、「起きているこの出来事が、わたしたちを内奥から揺り動かすものとなるよう期待します」と言うんですね。

この「無関心なエゴイズム」というのは、フランシスコが教皇に就任して以来ずっと言ってきたことです。コロナが始まって初めて言い出したことではなくて、就任当初から、貧しい人たちへの無関心のように、世界中で「無関心のグローバリゼーション」がはびこっている、という言い方をしています。さらにコロナの状況というものは、自分や自分の仲間、家族だけが健康無事に生き長らえることができればいいというように、ますます無関心なエゴイズムというウイルスをはびこらせる機会にもなり得るのだと、あるいは逆に今世界中で起こっているこの状況に一人ひとりが心を揺り動かされて、無関心なエゴイズムのグローバリゼーションに立ち向かう決定的な画期となるかもしれないし、そういう機会にしていこうと教皇は強調しているんです。

これもまさに現代において、「危機こそ画期である」という仕方で、キリスト教の立場を鮮明に打ち出そうとしている事例と言えるのではないかと思います。

若松　今のお話を聞いて、危機こそが画期になり得ると同時に、危機は真の意味での均衡を生むのだと思いました。

「危険をはらんだアリストテレス哲学」からトマスの神学が生まれ、そこには同時に今日でいう中世哲学という大きな沃野も生まれた。トマスの神学には、じつに豊かな意味での哲学と神学の緊張と融和が共存している。そして、それが時代の常識との闘いのなかで生まれたというのは、じつに印象的でした。今ではカトリック神学における不動の支柱になっているトマスの神学が、同時代では少数派だったことも忘れずにいたいと思います。

「均衡」という言葉あるいは、それが実現された世界観を表す言葉としての「コスモロジー」を自己の思想の核に据えたのが深層心理学者の河合隼雄でした。第二章でも「コスモロジー」と「イデオロギー」の差異にふれました。また、神学はどこまでもコスモロジーである方がよいというお話はしました。今、問題なのは、どのようにコスモロジーが構築されていくのかということです。河合は『明恵《みようえ》　夢を生きる』（講談社＋α文庫）のなかで次のように述べています。

> コスモロジーは、その中にできる限りすべてのものを包含しようとする。イデオロギーは、むしろ切り捨てることに力をもっている。イデオロギーによって判断された悪や邪を排除することによって、そこに完全な世界をつくろうとする。この際、イデオロギーの担い手としての自分自身は、あくまでも正しい存在となってくる。

これまでの対話からも危機とは「悪と邪」と対峙することを求められる時節であるともいえると思います。ここで考えてみたいのは、それを善の方向へ運ぶ力が神学にはあるのではないのか、ということなのです。

哲学の論議は、いつからか時代の現象をなでるように、舐めるように展開していくようになった。罪とは何かを考えても、悪とは何かを論究しにくくなっているようにも思えるのです。ただ、先の山本さんの話を聞くと、むしろ神学は、危機において実にラディカルに、その根本に差し掛かるようなかたちで変貌を遂げてきた。これは注目してよいと思います。

また、均衡は、どこからか生まれるというよりも、非常にラディカルなかたちで生まれてくる。それは教皇フランシスコの教会の改革を見ていても分かります。『使徒的勧告福音の喜び』は、教皇フランシスコの教会改革におけるマニフェストのような文書ですが、そこで彼は、貧しい人と共にある教会という問題にふれつつ、最後に非常にラディカルな発言をしています。

> わたしたちは、新たなかたちで現れている貧困と弱さに密に接するために、心を砕かなければなりません。見かけ上それらは、具体的な益を直ちにもたらすものではありませんが、そこにおられる苦しむキリストに気づくよう、わたしたちは招かれているのです。すなわち、家のない人、依存症の人、難民、先住民族、孤独のうちに見捨てられてしまう高齢者などのことです。移住者の問題が、わたしに特別な課題を突き

つけています。わたしは、国境をもたない教会、すべての者の母である教会の司牧者であるからです。（日本カトリック新福音化委員会訳・監修、カトリック中央協議会）

教会は、信徒の共同体であるだけでなく、まず、さまざまなかたちで「見捨てられた」人のための教会でなくてはならない、というのです。そして、先の一節でいう「わたし」、すなわち教皇は、カトリック教会の指導者であると共に「すべての者の母である教会の司牧者」である。ここでいう「すべての者」は彼の場合、文字通りの意味で捉えなければならない。そして必然的に彼が考える教会は「国境をもたない」というのです。ここには難民問題に積極的に発言を繰り返す彼の姿が髣髴《ほうふつ》としてきます。

最後に、均衡の特性を考えるとき、それが持続的であるということです。ある特定の期間で終わってしまうのではなく、まさに複数の世紀をまたいで、千年をまたいでそれが常識たり得る。山本さんとは、しばしばアリストテレスとライプニッツ[4]は千年に一人の哲学者だ、と坂部恵[5]先生がいったという話をするのですが、千年の単位で語れる哲学者はそう多くない。でも、神学の世界では千年を単位にして考えた時にも、私たちに新しい常識を指し示してくれる事例が複数あるのは興味深いですね。

神学にどう支えられてきたか

若松　私は神学者でも哲学者でもありませんが、今回、山本さんと自分の中にあるさまざまな読みの経験から、「危機」において神学にどう支えられてきたのか、お話ししてきました。コロナの危機の中で、自分の実存の根源が揺り動かされるような経験がいくたびかあって、あまり役に立たない言葉、太刀打ちできない言葉がある一方で、自分をとても深いところから支えてくれる言葉もあった。振り返ってみるとそれは哲学の言葉よりも神学の言葉により多くあったし、神学の言葉により深いところを照らされたというのが私のコロナ危機での二年間の経験だったのです。

　私に何か語れるとしたら、神学とは何かというよりも、私のような人間が神学にどう支えられ、あるいは神学的な叡知にどう支えられてきたかということではないか。そして、そうしたお話は、山本さんとも読者のみなさんとも分かち合うものが多いのではないかと考えたのです。

　ではなぜ神学にそうした力ある言葉が多いのかと考えてみたときに、バートランド・ラッセル[6]（一八七二―一九七〇）の興味深い言葉があるので紹介してみたいと思います。私が高校生の時に少し変わった先生がいて、ラッセルの英語を読んでおくと英語が読めるようになる、難しい文章だけど平易に書いてあっていいというので、高校時代、必死にラッセルを勉強したことがあるのです。ラッセルは無神論者です。キリスト者に対してあるはっきりした態度を持っている。しかし、その分だけ、私としては対話の相手としてはうってつけというか、自分が思っていることを別の角度から照らし出してくれるような存在にもなっています。今でも折にふれて、ラッセルを読みながら自分の考えを叩き直すようなところがある。彼の代表作の一つ、『西洋哲学史』（みすず書房）という大変有名な本の冒頭に面白いことが書いてあります。

> 本書でわたしのいう哲学とは、神学と科学との中間に立つあるものである。神学と同じように哲学も、これまで明確な知識を主張し得なかったような事柄に関する思弁、というものから成り立つが、また哲学は科学と同じように、伝統という権威であれ啓示という権威であれ、とにかく権威というものに訴えるよりは、人間の理性に訴えるものなのである。すべての明確な知識は科学に属し、明確な知識をこえる事柄に関するすべての独断は、神学に属している、とわたしは主張せざるを得ない。しかし神学

と科学との間には、この両方からの攻撃にさらされている無人境がある。この無人境が哲学なのだ。（「序説」市井三郎訳）

これは考えてみるべきだと思ったのは、ラッセルが哲学を確立するために、神学と科学との対決を不可避な営みだと捉えていることです。神学と科学の間にある緊張の中でこそ哲学は生まれるのだという。事実、ラッセルの『西洋哲学史』にはアウグスティヌスについて書かれた印象的な箇所があって、哲学史を書く時にアウグスティヌスを外さないというのもラッセルの慧眼《けいがん》だと言ってよいと思います。

ともあれ、ラッセルぐらいまでは、哲学というのは神学と科学との緊張の中で生まれなければいけないということがはっきりわかっていた。哲学と科学との対決というのは今も時折行われているのかもしれないけれども、神学との対決はあるところでやめてしまったのではないかという感覚が私の中にあったんです。

もう一つご紹介したいのは、『宗教は必要か』（大竹勝訳、荒地出版社）という本からの一節です。原題は *Why I am not a Christian* なので、『なぜ私はキリスト教徒ではないか』と訳すべきかもしれません。ラッセルは、キリスト者には二つの条件があると言います。

一つは、「神と不滅とを信じなければならない」ということ。すなわち神と永遠ということ。もう一つは、「キリストについてのある種の信仰がなければ」ならないとラッセルはいう。

もちろん、ラッセルは、自分はこの二つを信じないというのですが、彼の指摘はキリスト者の立ち位置であるとともに、真正なる意味の神学の立場を指し示していると思うんです。彼は、自分の信念とは別に、「神と不滅」そして「キリストへの信仰」を持つ人たちとの終わりのない対話、あるいは「対決」――これはユング(7)と自分との関係を語った河合隼雄の言葉ですが――によってこそ、自身の哲学が深化することをはっきりと感じているのです。自分と相いれない、あるいは今のフィールドにないものを除外するのではなくて、ある意味で対決の中に、ある緊張の中に、今まで考えてみなかったものを見つけていくことが必要なのではないか、というのです。

現代人の多くは、哲学にはある親しみをもっていたとしても、神学から遠いところに生きている人が大多数だと思います。そういう中に、神とか永遠とか不滅とか、あるいはメシア、救世主という日頃忘れているような主題を持ってくることで初めて見えてくるものがあるのではないか。神学を除外した哲学ではなくて、神学と対決した結果の哲学においてこそ、危機を生き抜く叡知を発見できるのではないか、そんなことを、この二年あまりのあいだ考えているんです。

山本　ラッセルの『西洋哲学史』はとても有名な本で、いま、哲学以外の分野でもそうですが、一人で通史を書くというのがほとんど不可能になっている中で書かれた力作ですね。最近、英語圏で、やはり一人で古代から現代まで哲学史を書くという営みが完結したものがあって、それはアンソニー・ケニー[8]というトマス・アクィナスやウィトゲンシュタインなどについての研究者であり、もともと司祭でもあったとても優れた人によるものです。私がアメリカにいた時に彼の講演を聞いたことがあって、ラッセル以外にコプルストン[9]という人も通史を書いているんですが、彼は「コプルストンの通史は客観的で正しい、だけれどもつまらない。一方でラッセルの通史は面白いんだけれども、独断的なところがある。だから自分は独断的ではなくかつ面白いものを目指して書いている」ということを言っていたんです。私が研究しているトマス・アクィナスは教会の権威に従ってものを言っているだけで、哲学者ではないなどともラッセルは『西洋哲学史』のなかで言っているわけで、彼はキリスト教的なものに非常にネガティブなのです。

　そのラッセルが哲学史を書くときに、神学との関係の中で哲学を位置づけていくのは実に面白いなと思いながら若松さんのお話をお聞きしていました。

日本の多くの哲学者は、科学との関係で哲学を考えることはあっても、神学との関係の中で哲学を位置づけることをほとんどしてこなかった。その意味で、この『危機の神学』というのが、単にキリスト者にのみ訴えかけるのではなく、キリスト者でない人にとっても新たな枠組みの中で哲学を考える大きなきっかけとなったらと思っています。

若松　私はやっぱり、容易に乗り越えることのできない壁が哲学の前に現れた時に、哲学が本当の意味での哲学になるのだと思うのです。神学の伝統は哲学者にとっては容易に乗り越えることのできない壁ではないか。そこには人だけでなく、神が介在するからです。そうした真摯な対決が行われることによって、神学も哲学も新たな光を帯びて、それらが文学や芸術といった世界にまで派生していく可能性を持っているのではないかと思います。

カール・バルトの危機神学

若松　神学において「危機」といえば、危機の時代を生き、それに応答を続けたカール・バルト（一八八六―一九六八）の名前が思い浮かびます。バルトはスイス人のプロテスタント牧師であり、神学者です。影響力においても、残した業績においても二十世紀最大の神学者の一人であることは論を俟《ま》ちません。バルトの神学は、相入れないところも少なくないのですが、彼もラッセルとは違う意味で対話し続けたい人物なのです。

共産主義との対峙、第一次世界大戦、そして第二次世界大戦、ことにナチス・ドイツとの対決という「危機」においてバルトは重要な役割を担います。「危機神学」という言葉そのものも彼の若き日の主著『ローマ書講解』（小川圭治・岩波哲男訳、平凡社ライブラリー）に記されています。別な言い方をすれば、バルトは危機という時代の要請によって真の意味での神学者になったといってもよい。

危機がバルトを生んだのだとすると、コロナ危機は、どのような神学的な果実を実らせたのか。それはバルトの言葉が新しい地平を切り拓くものだったように、閉塞的状況を打破するものだったのか否か、そうしたことを考えてみたいと思ったのです。『ローマ書講解』の序文でバルトはこんなことを言っているんです。一九一八年、すなわち第一次世界大戦が終わった後に書かれ、本が出たのは一九一九年のこと。出版こそ第一次世界大戦後とはいえ、その大きな混乱の中で書かれました。

パウロは、その時代の子として、その時代の人たちに語りかけた。しかしこの事実よりもはるかに重要なもう一つ別の事実は、かれが神の国の預言者また使徒として、すべての時代のすべての人たちに語りかけていることである。

これがバルトの神学的視座です。ある意味ではとても詩的な、とても文学的な、さらにいえば真の意味における批評的視座です。神の言葉を私たちに伝える人物としてのパウロは、時代の区分を超えた場所で今もなお、語りかけている、そしてその声は現在の出来事として、私たちに呼びかけているというのです。井筒俊彦という哲学者の言葉で言えば、過去・現在・未来という区分の彼方というべき「共時的」な場所にいるというのです。

さらにバルトは、「わたしはこの書物の問いは、すべての人の問いであるから、その内容はすべての人にかかわっていると確信しているからである」とも書いています。

この本は、神学者の仲間たちのためにだけ書くのではなく、すべての人に関わっていると確信しつつ、ペンを運んだというのです。この苛烈なといってよい今日性と普遍性は特筆すべきものです。

『ローマ書講解』を書いた頃のバルトは有名な人物ではなかった。無名だと言ってもよかったわけです。むしろ、この本の登場によって、当時のヨーロッパに燎原《りょうげん》の火のようにバルトの名前が広まっていった。バルトの住んでいたスイス国内だけでなく、バルトとは霊性を異にするルター派が優勢なドイツにまで飛び火したと本人が書いています。

さらに興味深いのは、バルトは、この本は「パウロについて」書いたのではなく、「パウロと共に」書いたと言っていることです。理性的な人が聞いたら、バルトは頭がおかしくなったのではないかと思われかねない言葉ですが、彼はそう複数回書いている。多くの神学者はパウロについて書くだけであっても、神学者である私はパウロと共に書くんだとはっきり述べています。

これもとても考えさせられることです。つまり、神学的時間というものがあるということ。パウロの言葉のリアリティ、あるいはイエスのリアリティというものを、バルトはありありと感じている。この現実味は、神学の特性かもしれません。これが危機の時代の渦中で語られたという事実に強く打たれるのです。

命がけで時代の闇と闘う

若松　危機のなかでバルトの存在が大きくなってくるとともに、改めてその言葉を再考してみたいと思ったのが、瀧澤克己《たきざわかつみ》[10]（一九〇九－八四）という哲学者です。瀧澤は西田幾多郎[11]の弟子で、一九三三年からドイツに留学をし、バルトに出会い、それを機に帰国したあとも生涯を通じてバルトに学び続けた人です。

瀧澤は、自分はバルトに出会うまで聖書なんて読んだことなかった、パウロという名前すら知らなかったと書いています（「カール・バルト研究」『瀧澤克己著作集』第二巻、法藏館）。そんな人物がバルトと出会って、まさに人生が変わった。彼は、バルトによって導かれた神学、そして西田に学んだ哲学を基盤にして、サマリア人のような非キリスト者をも含む神との関係を考えていく場を構築できないかと考え始める。それは後年、「神人学」と呼ぶ、新しい学問領域へと発展していきます。瀧澤は神学を相対化したいのではありません。むしろ、神学の地平を信仰の有無に関係のない場所まで広げたいと考えている。その試みは、危機の神学とは何かを探究するとき、一つの新しい軸になり得るのではないかと思ったのです。

一九三三年、ナチスが第一党として力を持ち始めた年、ドイツ留学を前に瀧澤が西田幾多郎に挨拶に行くと、西田はこう語ったというのです。


ハイデッガーはつまらぬものだ。かれには「不安」とか「死」とかいうことばかりがあって、かんじんのGod（神）がぬけている。……いまドイツではとくにこれといっておもしろい哲学者はいないようだ。むしろ神学者の方がおもしろい。なかでもバ

> ルトがいちばんしっかりしている。しかし、ナチスに追放されて、いまはもういないということだ。（「バルト先生の人と神学」『瀧澤克己著作集』第二巻）

周知のようにハイデガーはナチスに近づいていった。一方でカール・バルトは、徹底的にナチス・ドイツと戦った。一九三三年の時点でそのことの意味を看破しているのは、やはり西田の慧眼です。

そして、西田の発言におけるハイデガーは「哲学」を、バルトが「神学」を象徴していると考えると、いっそう問題が鮮明化するようにも思います。もちろん神学者の中でもナチスに寄っていった人はいました。いっぽう、ヤスパース[12]のようにナチスに一貫して否を突きつけた哲学者もいた。

ここで「哲学」と「神学」を簡単に比較し、神学に優位性を与えたいのではありません。しかし、「哲学」の死角が「神学」によって照らし出されることがあるのではないかと考えることはできると思います。もちろん、「神学」の死角を「哲学」が照らすこともあります。

そうしたことを考慮してもなお、カール・バルトやディートリヒ・ボンヘッファー[13]（一九〇六－四五）のように、命がけで時代の闇と戦った神学者の存在は思い出してよいはずです。

ボンヘッファーはプロテスタントの牧師であり神学者だった人物で、ヒトラーの暗殺計画に関与してナチスに処刑される。しかし、彼は真剣にインドにわたり、ガンディー[14]に学ぼうとさえした非暴力主義者でもあった。そうした彼が、なぜヒトラーの暗殺計画に参与したのかは、別に論じるべき大きな問題です。しかし、ボンヘッファーの行動原理にあったのは彼の信仰であり、神学であることは疑いを容れません。

山本　キリスト教神学の礎を築いたのが古代のアウグスティヌスだとすれば、ボンヘッファーは現代のアウグスティヌスと言えるような人だと思います。アウグスティヌスの個別的で具体的な人生そのものにおいて神が現れるのが『告白』という書物であったように、ボンヘッファーも神なき時代に神を求め、その時代を象徴するナチズムと戦い、殺されていく。現代において神というものを本当に意味あるものとして語り得るのかと考える時、必ず立ち戻らなければならない人物だと思います。

若松　ボンヘッファーは、カトリックとプロテスタントを架橋する神学者としても重要ですね。

さて、神学の独自性に関する問題ですが、二十世紀の精神史を顧みると、とりわけヨーロッパにおいて、時代の闇と闘う術《すべ》が見失われたとき、神学と神学者によってそれが提示されたという事実があります。何もヨーロッパに限らない。日本においても、論理的に考えたらそれでいいと終わってしまうようなことが、神学と対話する中で変化することがあるのではないでしょうか。論理だけで捉えることの詐欺性みたいなものを見破る力は、神学のほうに豊かにあるという可能性は十分に考えうるはずです。

神は私たちから離れない

若松　カール・バルトに『教義学要綱』という講演録があります。一九四六年、まだ戦後ほどないときに出されたこの本は、「教義学」という、カール・バルトが打ち立てた新しい神学の要綱が語られたものです。バルトには、トマス・アクィナスの『神学大全』を想起させる『教会教義学』という大作があります。しかし、バルトは、もともと広大な神学をつくろうとしたような人ではなかった。けれど時代と向き合う中で、プロテスタントの神学というものを根本から築き直さなければならない必然を感じる。一九三二年頃に「教義学」という言葉を用い始め、しばらくして『教会教義学』という本が出てくるのですが、『教義学要綱』はその教義学の本質を、戦後に改めて語り直したものです。

この本をはじめて読んだのは、私が大学生のときです。『教会教義学』に手を出すことはできなくて、その精髄が語られているなら、と思って手にとったのですが、理由はもうひとつあります。この本の訳者が、井上良雄[15]（一九〇七―二〇〇三）だったことです。

井上良雄は、現代ではカール・バルトの翻訳者として大変よく知られた人物ですけれど、もともとは優れた小林秀雄論などを書いた批評家だった。そんな人物が洗礼を受けて、バルトの研究者、翻訳者になっていく。私にとってバルトは神学者であるとともに、ある意味での批評の射程にある人物でもあったのです。この本でじつに印象的だったのは「信じる」という営みをめぐるバルトの言葉です。

　「われ……を信ず」――これは、「私は孤独ではない」ということにほかならない。この栄光の中にあるわれわれ人間、また悲惨の中にあるわれわれ人間が、孤独ではないのである。神は、われわれ人間に歩み寄り給う。そして、われわれの主また師として、徹頭徹尾われわれを守り給う。われわれは、良き日・悪しき日に、謬りを犯しつつ、また正しくありつつ、この〔神との〕対面の中に、存在し・行動し・苦しむのである。私は、孤独ではない。否、神は、私に出会い給う。私は、いついかなる時にも、

所詮神と共にいるのである。（井上良雄訳、新教出版社）

「『われ……を信ず』――これは、『私は孤独ではない』ということにほかならない」、この一節が私にとっては、とても大事な言葉になっていった。信ずるということは、何か自分にとってよいことが起こるという類《たぐ》いのものではない。それは神とともに生きていくということにほかならない、ということを、私はバルトに教えてもらったという感じがある。文中にあった「所詮」というのは現代の意味ではなくて、昔の意味で「つまるところ」というほどの意味です。ですから、つまるところ、私たちがどう生きようと、神から私たちは離れることができない。なぜなら、神から「人間に歩み寄り給う」からだ、とバルトはいうのです。

問題はここでバルトがいう「信じる」が意識的なものか、無意識的なものを含むのかというところにあるのですが、バルトはおそらく信じる意志というものを重んじていると思います。私は勝手にそれを遠藤周作などがしばしば語る無意識の信仰にまで広げて考えています。つまり、意識が神を忘れても、無意識は神を忘れない。あるいは、人が神を忘れても、神は私たちを忘れないといってもよいかもしれません。

「所詮神と共にいるのである」は瀧澤克己によって「インマヌエルの原事実」という言葉

で再表現されていきます。

「マタイによる福音書」には、「『見よ、おとめが身籠って男の子を産む。／その名はインマヌエルと呼ばれる』。／この名は、『神』はわたしたちとともにおられる』という意味である」という言葉が出てきます。私たちがどう認識しても、神というものは決定的に私たちと一緒にいる、というのがバルトの神学の精髄であり、瀧澤克己はそれを継承して、神学的事実としてだけでなく、神学と人間学を融合した「神人学」において探究していきます。

瀧澤克己は、神と人間の関係をめぐって「絶対に不可分・不可同・不可逆的な関係」であると語っています（「聖書のイエスと現代の思惟」『瀧澤克己著作集』第七巻）。神と人間との関係は、分かつことができない強靱さによってつながっている（「不可分」）けれども、同じではない（不可同）。そして、すべては神から人間へと流れるという方向性を変えることはできない（不可逆）というのです。

山本　私がまだ神学も哲学も本格的に学び始めていなかった学部の三年生のときに、若松さんとお話ししていて、瀧澤克己についての話題になったときに、初めて「不可分・不可同・不可逆」という言葉を聞いたときの鮮烈な印象を昨日のことのように思い出しました。漢字でたった九文字の一回聞けば絶対に忘れない印象的な文字列の中に神と人間との関係についての最も重要な洞察が凝縮されていて、こういう言葉を残すことができたというだけでも、瀧澤がいかに偉大な人物であったかということをあらためて痛感します。

西田幾多郎と「神」

若松　ここで西田の言葉にふれてみたいと思います。彼の最晩年に当る一九四五年に西田が書いた「場所的論理と宗教的世界観」という論考があります。この文章を書き、発表される前に西田は亡くなります。遺言のような一文ですが、一読して、西田が最後まで現役の思索者だったことが分かります。その中で彼は、神という問題を避けることなく、中心的な課題として論じている。ラッセルとはまた違った角度で、西田にとっても哲学は、神学との本当の意味での対決の中で生まれてくるものだった。だからこそあの時期に瀧澤にバルトの存在を教えることができたのでしょう。彼は自分にとっての哲学とは何かをめぐって、宗教、あるいは宗教家にふれながら、こう書いています。

> 人は必ずしも芸術家ではない。しかし或程度までは、誰も芸術というものを理解することができる。人は宗教家ではない、入信の人は稀である。しかし人は或程度まで

は、宗教を理解することができる。入信者の熱烈なる告白、偉大なる宗教家の信念の表現を読めば、何人も犇々《ひしひし》と己が心の底までも鞭打たるるを感ぜないものはなかろう。しかのみならず、自己が一旦極度の不幸にでも陥った場合、自己の心の奥底から、いわゆる宗教心なるものの湧き上るのを感ぜないものはないであろう。宗教は心霊上の事実である。哲学者が自己の体系の上から宗教を捏造すべきではない。哲学者はこの心霊上の事実を説明せなければならない。（『西田幾多郎哲学論集3』所収、岩波文庫）

哲学者は「この心霊上の事実」を問題にしなくてはならないと西田はいう。心霊上の事実、これは現代の哲学者は決して書くことができない言葉です。ここには単に霊性上の事実と言いかえることはできない重みがあります。それは西田にとって、自己と世界（他者）とが出会う現場であり、同時に「神」と向き合わざるを得ない場所でもあった。事実、西田は「心霊上の事実」と「神」を接近させ、次のようにも書いています。

神なくして、宗教というものはない。神が宗教の根本概念である。しかし色が色として眼に現れる如く、音が音として耳に現れる如く、神は我々の自己に心霊上の事実として現れるのである。

色が眼に現われるように、また、音が耳に現われるように、「心霊上」に神が現れる。このなまなましいまでの「神」経験こそ、西田哲学の生命だといってよいものです。西田の後継者には、彼がいう「絶対無」をめぐって論究した人はいました。しかし、これほどまでの現実味をもって「神」を語ったのは、瀧澤克己をおいてほかにはいなかったと思います。

しかし、改めて振り返ってみると、西田は晩年になって、急にこのようなことを書き始めたわけではありません。最初の著作である『善の研究』から一貫していたのです。ですから、もし日本の哲学が西田幾多郎から始まったというのであれば、私たちは、いつからか「神」という問題を哲学の地平から追いやってしまった。西田哲学を乗り越えたのではなく、西田哲学を薄めただけなのかもしれないのです。

さらに西田は、「絶対の神は自己自身の中に絶対の否定を含む神でなければならない、極悪にまで下り得る神でなければならない。悪逆無道を救う神にして、真に絶対の神であるのである」と書く。神とは本当の意味で、親鸞が説くように悪人正機の神でなければいけないというのです。『歎異抄』に大変影響を受けています。その次元に立って「神」を語り直そうとしているわけです。西田は、悪人の救済をめぐって、こう述べています。

> 最高の形相は、最低の質料を形相化するものでなければならない。絶対のアガペは、絶対の悪人にまで及ばなければならない。神は逆対応的に極悪の人の心にも潜むのである。単に鞫《さば》く神は、絶対の神ではない。斯くいうのは、善悪を無差別視するというのではない。最高の完全者を神と考える如きは、我々の心霊上の事実からではない。対象論理的に神を考えているのである、推論によって神を考えているのである。

これは、ひとたび神学というものと深い交わり、あるいは対決を経た者の言葉です。そこには西田による悪人である自分の認識もある。そうした自分の傍らにも「神」が臨在する、というのです。今まで読んできた「場所的論理と宗教的世界観」は、西田の哲学的遺言でもありますが、彼の哲学的告白でもある。そして、敗戦直後の日本という危機の時代に紡がれた、未来への書簡のような文章でもあるのです。

この文章で西田が、ドストエフスキーの『カラマーゾフの兄弟』で描かれた善と悪の相克という問題にふれつつ、善と悪の「絶対矛盾的自己同一」的関係をめぐって述べています。これまで述べてきた「悪」すらも「善」に変容させる力を彼は最後まで探究する。そこに哲学の使命を感じてもいるのです。

> 　絶対的神は、右の如き意味においての絶対矛盾的自己同一として、その射影点たる我々の自己は、実に善と悪との矛盾的自己同一であるのである。ドミートリ・カラマーゾフはソドムの中に美が潜んでいる、美は恐ろしいばかりでなく神秘なのだ、いわば悪魔と神の戦いだ、その戦場が人間の心なのだという。我々の心は、本来、神と悪魔との戦場である。しかも意志的存在としての、人格としての、我々の自己の実在は、実に此《ここ》にあるのである。

　ほとんど西田幾多郎の代名詞といってよい「絶対矛盾的自己同一」は、先に見た瀧澤克己の「不可分・不可同・不可逆」と同じく、彼が「神」を認識しようとしたときに逢着したものであることが分かります。そして、その道程はまた、この世の悪と絶対善との関係を照らし出すものでもあった。絶対善とは「神」の異名にほかならないからです。

　そして、西田にとってドストエフスキーとは、神学と哲学と文学の交点に立つ存在だった。私たちもドストエフスキーの神学を一度引き受けてみると、神学・哲学・文学がもう一度つながる場にまた立ち戻ることもできるかもしれません。

山本　西田とバルトに触れると、あらためてこの二人の言葉の力のすごさに打たれる感じがします。若松さんが先ほど、神学というのは理論ではなくて言葉だということにあらためて気づいたと話されましたが、本当にそうだと思うんです。

私のように、主にトマス・アクィナスに依拠して神学を考えている人間からすると、西田やバルトにはすごく異質なところがある。西田は「トマス・アクィナスの全集」という短いエッセイを残していますが、中世において最も偉大な哲学者はアウグスティヌスなのだと、トマスは整った神学体系を築き上げたかもしれないけれども、あまり心に訴えかけるものがないと言ったりする。

また、バルトの『教会教義学』の「はしがき」には、「私は、アナロギア・エンティスを反キリスト（Antichrist）の発明とみなす、そして、人はそのアナロギア・エンティスのゆえに、カトリック的になることはできないと考える」というとても有名な言葉があります。「アナロギア・エンティス」とは、「存在の類比」と訳されるラテン語であり、トマスによって形成されたカトリック神学の基本的な立場です。一言で言うと、この世界と神とのあいだに連続性を見いだしていこうとする立場です。もう少し詳しく言うと、この世界の美しいものを通じてそれらのものの創造者である神の美を読み取る、この世界の諸事物の善さを通じてそれらの根源にある神の善さを読み取るというような立場なのですが、バルトはそれを認めない。バルトは神の徹底的な超越性を言おうとするので、そうした超越性を蔑《ないがし》ろにして世界との連続性のもとに神のことを捉えているように見える「存在の類比」というような考え方は反キリストの発明であり、それがある限りは絶対にカトリックになることはできない、という非常に強い言葉が出てくるわけです。

このように、西田もバルトもトマスとはかなり毛色の違うところがあるにもかかわらず、トマスに依拠している私の心になぜかとても強く訴えかけてくる。トマスの考え方とどう整合的に捉えたらいいのかすぐにはわからないにしても、心に強く訴えかけてきて思索を促してくるような力を持っている。そういうところにこそ神学の言葉の魅力があるのだなと思います。

難破者として生きること

山本　現代の哲学者の中で興味深い「危機論」を語っている人物として念頭に浮かんでく

るのは、二十世紀のスペインの哲学者であるオルテガ[16]（一八八三―一九五五）です。日本では『大衆の反逆』で知られています。最近、岩波文庫にも新しい訳が入りましたし、数十年前、西部邁さんが大衆論を書いた時にも依拠した本です。ですが、大衆論というのは、オルテガの取り組んだ課題のほんの一部に過ぎません。彼は他の二十世紀の哲学者には見出しにくい独自の魅力的な洞察をいろいろと有しているとても優れた哲学者なのです。

オルテガには『ガリレオをめぐって』（A・マタイス、佐々木孝訳、法政大学出版局）という著作があって、その中で危機について次のように言及しています。「生とはその主体が自分を見つめたときに抜き手を切って泳がなければならぬ、世界の中で難破者として泳がなければならぬ、ドラマなのです」と。そもそも生きるというのは、徹頭徹尾難破者として、なんとか溺れないように泳ぎ続けなければならないドラマだと言っているわけです。ある種の実存的な発想なわけですね。

さらにオルテガは次のように言っています。

> 人間は、環境の中に見いだす事物、そこにそうしてある事物を前にして、どうすべきか分かりません。なぜなら、それらに対してどう手を打ったらよいのか、あるいはふつ

う言われるようにいったいそれらが何なのかを知らないからなのです。生は、とりもなおさず根本的に不確かなものであり、神秘的で、見知らぬ、そしてしばしば敵意に満ちた領域の中の難破者として自己を意識することであります。（『ガリレオをめぐって』）

人生とは、難破者として生きることだと。大人というのも本質的には、未知を目の前にして途方に暮れている幼児なのですね。学校の勉強などを通じて、この世界に対して一応の解釈を抱いて安心しているけれども、その安心がいつ脅かされるか分からない。オルテガは次のようにも述べています。

> 私たちの生が存在への熱望であるのは、まさにそれがその根源において根本的な不安定だからなのです。だからこそ私たちは、生を確実なものとするために絶えずなにかをするのであり、そしてなによりもまず、自分たちがその中で生きなければならない環境を解釈し、この環境で生きようとする私たち自身を解釈する――つまり私たちがその境界内で生きなければならない地平線を定位する――のです。（中略）生きるということはなんらかの方法で確実さを構築しながら、根本的不安定に反応すること

であります。要するに、世界はあれこれのようなものであると信じながら、私たちの生活を導き、そして生きることなのです。（同前）

哲学は、単に世界、あるいは人間や宇宙について、体系的・統合的に理解しようとする知的な遊戯ではないのです。われわれがいつの間にか投げ込まれ、しかもその状況を理解して対処し続けていかなければ溺れてしまう、そういう環境に対して、まさに知性という武器を使って対峙していくことこそが哲学だとオルテガは言っているわけです。真の意味の現実と深く触れ合って生きていくことと密着した営みとして哲学を捉えなおそうとしている。

私たちの生がその根底においてこのように不安定なものだからこそ、「危機」というものも生まれてくるのだとオルテガは捉えているのです。

混乱はどんな危機の時代にもつきものです。なぜなら、結局のところ《危機》と言われるものは人間があるものを基礎とし、それらを拠り所として生きることから、今度は他のものに拠りかかって生きようとすることへの移行にほかならないからです。ですからこの移行は二つのきびしい操作から成り立っています。ひとつは、私たちの生を養ってきた世界から離れることであり——私たちの生はつねにひとつの世界解釈によって生きていることを忘れないでください——、もうひとつは、その精神に新しい世界にしがみつく備えをさせること、つまり別の生のパースペクティブに慣れさせること、別のものを見ることに慣れさせ、それらに即する備えをさせることであります。（同前）

気づいたら溺れかけているわけですから、世界や隣人、自分についてとりあえずの解釈をして生きていくしかない。普段はそれで何とかなっているけれども、この世界のさまざまな急激な動きなどで、これまでの解釈ではやっていけなくなってしまうときがくる——まさに私たちが、この二年間置かれてきた状況ですよね。これまで「解釈」だとも思わず、それが「現実そのもの」だと思っていたような既存の理解の仕方では毎日の生活が成り立っていかない。でも、世界全体を解釈し直す新たなやり方も、はっきりとは見えてこない。そういう宙ぶらりんの状態こそがまさに危機だとオルテガは捉えているのです。

若松　いまお話しいただいた意味で、世界を「解釈」するには、ある種の勇気が必要ですね。解釈を間違えるかもしれないし、自分の生き方そのものを自分で思わぬ方向へ変えてしまうかもしれない。また、その解釈ゆえに孤立することもある。だから、解釈しないという生き方もあると思うのですね。解釈しているようで、誰かの解釈を鵜呑みにしていることも現代では少なくない。こうした現象をめぐってオルテガはどのように考えているのですか。

山本　オルテガ的に言えば、解釈を拒む場合でさえ、結局は出来合いの世の中の通念にしたがって世界を理解している。つまり、既存の解釈に半ば無意識的に依拠しながら生きている。だからこそ、曲がりなりにも対応していけているという話になるでしょうね。

若松　対応はできる。しかし、その結果たどり着くところが問題になる。たとえばファシズムがどういう思想かを分からないままで身をゆだねてしまうこともあります。

山本　まさに大衆論というのはそういう話ですね。

若松　ここでいう「解釈」という問題から思い起こされるのはサルトルと同時代の哲学者ガブリエル・マルセルです。どういう方向へ自分が歩みを進めるのか。「解釈」の対象が自身にとって重要なものであるほど、その道は孤独なものになるとマルセルはいいます。しかしマルセルは、それが独我的なことになることも戒めます。開かれたものを孤独のなかで見出していく、それがマルセルの実践した「解釈」だった。先に「解釈」はある種の勇気を要するといいましたが、マルセルは、このことをめぐって次のように述べています。

それは思想の勇気、精神の勇気であって、これは身体的勇気にくらべてまったく普及していないことは、経験によって認めないわけにはいかない。(『存在の神秘』松浪信三郎・掛下栄一郎訳『マルセル著作集』第五巻、春秋社)

「まったく普及していない」のは、哲学がそれを問題にしてこなかったからだ、とマルセルは考えている。しかし、先に山本さんが話してくれたトマス・アクィナスがアリストテレスの哲学を自らの神学に取り入れようとするとき、トマスにあったのはここでいう「思想の勇気、精神の勇気」です。神学の歴史を見ると、同時代に受け入れられなかったとしても語るべきものは語った。そうした歴史からも学ぶことは多々あると思います。

そして、マルセルにふれたので、信仰をめぐる彼の言葉を紹介したいと思います。彼は、「私は私の信じているものを知らない」と書いています。「信じる」とは、「知る」ことの先にあるのではなく、別な位相にある。情報や知識が満ちて「信」の扉が開くのではない、というのです。

山本　マルセルのその言葉は非常に魅力的ですよね。私たちは「信仰」というものを頭の中にある硬直化した思い込みのようなものとして捉えがちだと思います。もしも「信仰」というものがそのようなものであったとすれば、それは現実との生き生きとした触れ合いを妨げてしまうようなものにもなりかねないですね。他方、マルセルにおける「信」というのは、まさに根源的なものにありありと触れるということですよね。

　オルテガは「本質的で根源的な、そしてこの意味で唯一の問題は、自分を自分自身の中にぴったりはめこむこと、自分自身と合致すること、自分自身と出合うことなのです」とも言います。ここが非常に面白いのは、アウグスティヌスの「自分自身が、自分にとって大きな謎（問題）となった」という話と響き合うものがあるところです。アウグスティヌスはキリスト教に回心する前、自らがマニ教に引き込んだ親友を亡くし、精神的な危機に陥った。そこで「自分自身が、自分にとって大きな謎（問題）となった」と言うのですが、アウグスティヌスの話は、どうしてもキリスト教的で、神に関心がない人には訴えにくいところが出てきてしまう。他方オルテガの場合、神は持ち出さずに相通じるところのある問題を掘り下げているわけです。

　彼は、「解決とか救いと言ったものは自己に出合うこと、自分自身とふたたび合致すること、それぞれの物に対する自分の心からの態度がどのようなものであるべきかをはっきり知っていることなのです」とも言います。抽象的にこの世界についての理論を構築するのではなく、自分の言葉で、自分自身と自分が置かれているこの世界の輪郭をたどり直していく。自分自身が本当に納得のいく仕方で理解を構築し直し、この世界と触れ合い直していく、それこそ哲学の役割なんだと述べているんです。

危機の中でゆったりと存在する

山本　もう一人、現代の哲学者の中でボルノー[17]の発想も危機に際しての手掛かりを与えてくれるのではないかと思うので紹介させてください。彼は二十世紀のドイツの哲学者で、実存主義が流行った時代に、その流れの中に棹さしつつ、実存主義の批判もした人物で、『実存主義克服の問題　新しい被護性』（須田秀幸訳、未来社）という本を書いています。

　オルテガのとらえ方はある種、実存主義的な——人生そのものを危機とする、人間の生を非常に緊迫したものと捉える発想だと思います。それに対してボルノーは、この本の副題にもあるように、「新しい被護性」を重視した人物なんですね。「被護性」というのは、文字通り、「護られていること」ということですね。コロナでわれわれは危機に直面して、日々いろいろなことに気を配りながら危機に対処する必要がある状況にあるわけですが、同時に、深刻になりすぎるという問題もあると思うのです。

ボルノーは「危機は、そのもっとも固有な本質からすれば、持続状態ではなく、例外的状況である」と述べます。一生が危機の連続などということはなくて、危機と本当に呼ぶべき状況というのはやはり例外的な状況だ、というところに立ち戻ろうとする。「危機――たしかに、ひじょうに含みのある中断ではあるが、ともかくも――は、生の正常な流れの中断」であるという。今のコロナの状況も、これが永久ということではなくて、何か中間的な事態、宙ぶらりんな事態に置かれている時期ということですよね。

> しかしながら、このような危機と危機とのあいだにあって、生はしばしばひじょうに長い期間にわたって、静かな恒常性をたもって経過し、その間、確かな意味での決断が必要でもないし、また、それが必要でないからといって、生が他の方面から、実存哲学的意味で「非本来的」になる、換言すれば、より不真実に、より非本質的になる、ということはない。（『実存主義克服の問題』）

実存哲学が人生の危機を強調しすぎることでむしろ失われてしまう、平凡な日常の在り方、ある種の実存主義者から言えば眠りこけているような、非本来的な安定した在り方。そこには、実は、安心して住まうことが出来るという積極的な意義があるのではないか、とボルノーは述べようとしているのです。ボルノーは、この本の中でマルセルの話もしています。

> フランスの、いわゆるキリスト教的実存主義の代表者、ガブリエル・マルセルは、かれの巧みな造語の能力を発揮して、この立場においては特別な重要性を帯びている一つの概念を、ここで取りいれた。それは、ディスポニビリテ、つまり随意性の概念である。すなわち、けっして予見しえない未来のいろいろの可能性にたいして自己を開いておく、という概念である。（中略）マルセルは、随意性について、つぎのように言っている。「このことばは、（中略）たんなる境遇を機会に、それどころか好都合な状況に変える能力を、換言すれば、自己の宿命に自己の識別標を押しつけることによって、自己自身の宿命にともに従事する能力を示している」と。（同前）

宿命を単に受動的に受け入れるのではなく、そこに自己の識別標を押しつける。何か危機や宿命と共存する——しかも嫌々ではなく、そこに自分らしさを見つけていく。危機的な状況をすぐに打開しよう、解決しようと前のめりになるのではなく、ゆとりを持って贈り物のように受けとめるわけです。この世界を基本的なところで信頼し、時間の経過のなかでおのずと開かれていく道をたどっていこうとするのですね。焦って無理に解決しようとするよりも、長期的に見れば、その方がよりよい解決につながっていったりもするわけです。

若松　ボルノーは、私たちが、何によって守られ、何に向かって開かれていくべきかについては明らかにしないのですか。たとえば、さきほどふれたガブリエル・マルセルの場合、神に守られ、神に向かって開かれていくことは、疑いようもなくはっきりしていますね。

山本　結局そこがボルノーの長所でもあり、短所でもあると言うこともできるのです。宗教的なところはありますが、明確に特定の宗教にコミットはしないのですね。ボルノーの強調する「護られてある在り方」の根拠を論理的に取り出せるのかといえば、不明確なところが残る。

だからといって、ボルノーの議論は単なる机上の空論というわけではありません。彼は「空間論」についても重要な論考を残していて、たとえば、「家」という「空間」について考察するさいに、人間を庇護する、そこでくつろぐことができる場だということを強調したりするわけです。だから単にあいまいな仕方でこの世界を信頼するというだけではなくて、安心して住まうことができる空間を築き上げていくという発想もあるんです。いわば根源的の手前のところで事態を打開していこうとする人物だと言えるのではないかと思います。

私が最後にボルノーをご紹介したのは、コロナ禍も長期化する中で、コロナ禍に対する受けとめ方が少し変わってきたということも理由にあります。以前は毎日朝から晩までひたすら危機にどう直面し、対応するかに意識が行っていた。しかし今は、当初と比べれば、むしろコロナの状況にとらわれすぎないようになってきていると思います。危機的な状況を常に念頭に置きつつ、やるべきことを淡々と為していくといいますか。そういうゆとりを持った在り方を続けていくのが、危機に対する最良の対処法ではないかと感じています。

若松　ほんとうにその通りですね。どんな状況であれ、自分に預けられている仕事を果たすことから離れてはならないと強く感じています。むしろ、危機の時代にあってもやらなければならないものこそが、自分にとっての役割なのだと痛感もしています。

また、危機というのは、ややもすると、目の前にある状況だけに人を固定し、凝固させるような危険がある。しかし私たちは、危機という現在だけでなく、その奥にある未来ともつながっているはずです。さらにいえば、神学的時間は、過去・現在・未来だけでなく永遠にも私たちを開いてくれると思います。

注

（1）**ペラギウス**（三六〇頃－四二〇頃）初期キリスト教の神学者。原罪を否定し、人間の自由意志を強調する説教が、アウグスティヌスやヒエロニムスの批判にあった。

（2）**ドナトゥス派**　四世紀から五世紀にかけて北アフリカで勢力を得たキリスト教の分派で、異端とされた。一度棄教・背教した者によるサクラメント（目に見えない恵みを目に見える形で表す行為）は無効であるとした。

（3）**マルティン・ルター**（一四八三－一五四六）ドイツの神学者であり、カトリック教会から分離してプロテスタントが誕生した宗教改革の中心人物。一五一七年、教会がサン・ピエトロ大聖堂の改修費用のためドイツで贖宥状の発売を始めると、『九十五カ条の論題』を発表して宗教改革の口火を切った。

（4）**ゴットフリート・ライプニッツ**（一六四六－一七一六）バロック時代を代表するドイツの哲学者、数学者。その業績は自然科学、法学、神学、言語学、政治学などあらゆる領域に及ぶ。ヨーロッパの宗教戦争を背景に、キリスト教の宗派を統一する定式を求められないかと「調和」の哲学を試行し、「モナドロジー（単子論）」の概念を生む。西田哲学にもその影響は色濃くある。主著に『モナドロジー』『形而上学叙説』など。

（5）**坂部恵**（一九三六－二〇〇九）哲学者。イマヌエル・カント、和辻哲郎、九鬼周造など古今東西の思想を研究しつつ、独自に哲学を構築した。著書に『カント』『和辻哲郎』『かたり――物語の文法』など。

（6）**バートランド・ラッセル**（一八七二－一九七〇）哲学者、論理学者、数学者。A・N・ホワイトヘッドとともに『プリンキピア・マテマティカ』を著わし、論理学や数学基礎論を確立。第一次世界大戦後、平和運動に身を投じ、社会評論や哲学の著述を始める。主著に『西洋哲学史』『哲学入門』『懐疑論集』など。

（7）**カール・グスタフ・ユング**（一八七五－一九六一）スイスの精神科医、心理学者。フロイトの精神分析に共鳴しその発展に貢献したが、のちに独自の分析的心理学を確立。集合的無意識を主張。

（8）**アンソニー・ケニー**（一九三一－）神学研究から出発し、心の哲学を中心とした著作活動を行う。著書に『フレーゲの哲学』『ウィトゲンシュタイン』『トマス・アクィナスの心の哲学』など。

（9）**フレデリック・チャールズ・コプルストン**（一九〇七－九四）イギリスの哲学者。『哲学史（*A History of Philosophy*）』という包括的な西洋哲学史を書いていて、通常「コプルストン」と言えばこの著作を指す。

（10）**瀧澤克己**（一九〇九－八四）哲学者。西田幾多郎、ボン大学でカール・バルトに師事。西田とバルトの影響下、「インマヌエル（神われらと共に在す）の哲学」と呼ばれる思想を展開した。晩年、神学と人間学を融合した「神人学」を提唱した。著書に『西田哲学の根本問題』『カール・バルト研究』『佛教とキリスト教』など。

（11）**西田幾多郎**（一八七〇－一九四五）近代日本を代表する哲学者。主観と客観が分離する以前の原初的な「純粋経験」に基づく哲学を構想した。その哲学の本質は「絶対矛盾的自己同一」というテーゼによって語られる。若き日から同郷の鈴木大拙の親友でもあった。代表作に『善の研究』「場所的論理と宗教的世界観」など。

（12）**カール・ヤスパース**（一八八三－一九六九）ドイツの哲学者、精神科医。実存主義の代表的論客のひとり。教え子にハンナ・アーレントなど。著書『哲学』の発表後、妻がユダヤ人であることから、第二次世界大戦後まで沈黙を強いられた。他の主著に『精神病理学総論』など。

(13) **ディートリヒ・ボンヘッファー**（一九〇六－四五）二十世紀を代表するキリスト教神学者。プロテスタントの信仰者だったが、ガンディーの非暴力主義に強く影響を受け、師事するために渡印を真剣に考えていた。第二次世界大戦中にヒトラー暗殺計画に加担するが挫折。ナチスによる処刑にて死す。主著に『キリストに従う』『共に生きる生活』がある。

(14) **マハトマ・ガンディー**（一八六九－一九四八）インド、グジャラート州出身の弁護士、宗教家。非暴力・不服従を掲げたインド独立運動の指導者。

(15) **井上良雄**（一九〇七－二〇〇三）批評家、神学者。文芸評論家として活動後、日本共産党に接近して投獄され、転向後、筆を折りキリスト教信者となる。訳書にカール・バルト『教義学要綱』など。

(16) **ホセ・オルテガ・イ・ガセット**（一八八三－一九五五）スペインの哲学者。主著『大衆の反逆』では自らの使命を顧みず、みんなと同じであることに満足しきった「大衆」が、世界をいかに変質させたのかと問うた。他の著書に『ドン・キホーテをめぐる思索』など。

(17) **オットー・フリードリヒ・ボルノー**（一九〇三－九一）ハイデガーの影響を強く受けつつも、『存在と時間』で死の自覚を問うたハイデガー哲学を教育学の立場から批判し、家や庇護された空間を人を支える根拠として提案した。著書に『気分の本質』『実存主義克服の問題　新しい被護性』など。

第五章　危機の神学者としての教皇フランシスコ

危機を予見していた教皇フランシスコ

山本　コロナの危機に直面して、そこで揺り動かされることによって新たなあり方が開かれていくと教皇は述べていたわけですが、いま振り返ってみると、教皇フランシスコはコロナが発生する前から危機の神学者と言うべき人物だったのではないかと思うんです。教皇就任直後のインタビューでも、二〇一九年に来日したさいの東京ドームのミサなどでも、「教会は野戦病院であれ」ということを言っていた。それは大きな建物を敷地に構えて、「興味ある人はここへ来なさい」という教会のあり方ではなくて、いま苦しんでいる人々の真っただ中に出ていって、困っている人たちを直接癒すような役割を教会が果たしていくべきだという考えです。野戦病院としての教会、まさにこれは危機のただなかで活動する教会ということですよね。

若松　「教会は野戦病院であれ」という言葉とともに教皇フランシスコを象徴するのは「出向いていく」教会です。この言葉は『使徒的勧告　福音の喜び』で語られました。

> 出向いて行きましょう。すべての人にイエスのいのちを差し出すために出向いて行

> きましょう。ここで、ブエノスアイレスの教会の司祭と信徒には何度も申し上げたことを、全教会のために繰り返します。わたしは、出て行ったことで事故に遭い、傷を負い、汚れた教会のほうが好きです。閉じこもり、自分の安全地帯にしがみつく気楽さゆえに病んだ教会よりも好きです。中心であろうと心配ばかりしている教会、強迫観念や手順に縛られ、閉じたまま死んでしまう教会は望みません。

この本との出会いは本当に衝撃的でした。確かに教皇がいうようにかつての教会は誤りを恐れるあまり行動することに臆病になっていたように見える。こうした言葉を発する教皇には、本当に困窮した人は、教会の門を叩くことすらできないという現実がはっきりと見えている。この言葉を読んだとき、私は比喩ではなく、教皇があの椅子から降りてきた、そう思いました。

山本　教皇になると「回勅」と呼ばれる公式文書を世界中の信徒や「善意の人々」に対して発することになるわけですが、教皇フランシスコの最初の回勅は『信仰の光』という、前の教皇のベネディクト十六世が準備していたものに教皇フランシスコが手を加えたものでした。本当の意味で教皇フランシスコの初めてのオリジナルな回勅は『ラウダート・シ』

です。「ラウダート・シ」というのは、中世を代表する聖人であるアッシジの聖フランシスコが作った「太陽の歌」という讃歌の一節で、「あなたは讃《たた》えられますように」を意味するイタリア語です。この『ラウダート・シ』は、よく環境問題についての回勅だと言われていて、それは間違いではないのですが、普通言われるような意味での環境問題について語られていると理解すると、一面的な捉え方になってしまうことが次の文章からよくわかります。

> わたしたちは、環境危機と社会危機という別個の二つの危機にではなく、むしろ、社会的でも環境的でもある一つの複雑な危機に直面しているのです。解決への戦略は、貧困との闘いと排除されている人々の尊厳の回復、そして同時に自然保護を、一つに統合したアプローチを必要としています。（『ラウダート・シ』瀬本正之・吉川まみ訳、カトリック中央協議会）

ここで語られるのは、環境の危機と社会の危機が結びついた多面的な危機ですね。環境危機は特に貧しい人に多くのしわ寄せがいくという意味で社会危機でもある。その環境危機と社会危機が一体化した新たな危機に立ち向かおうというのがこの回勅の趣旨なのです。

まさに世界を覆う危機との対決が語られるわけですが、今読んだ箇所は次のように続きます。

一つ一つの有機体は、神の被造物として、それ自体において善なるもの、感嘆すべきものであり、一定の空間に存在し一つのシステムとして機能している調和の取れた有機体の集合も、また同様です。しばしば気づかないことですが、わたしたち自身の存在はそうしたより大きなシステムに依存しているのです。二酸化炭素の吸収、水の浄化、疾病や流行性感染症の制御、土壌の形成、廃棄物の分解において、また、わたしたちが見過ごしたり、あるいは、単純に知らずにいたりする他の多くのしかたで、生態系どうしがどのように作用し合っているかを思い起こせばいいのです。(同前、140)

ここで「流行性感染症の制御」という話が出てきます。『ラウダート・シ』が出た当時、私はこの箇所を読み飛ばしていたわけですが、今から振り返ってみると、やはり環境の危機がコロナの一因になっているわけで、それを予告するような、そういう危機に直面して発された、以後顕在化する危機をも予感しながら発された文書だったと思います。その意味でも、教皇フランシスコは「危機の神学者」と言うべき存在だとあらためて実感しています。

そして、『ラウダート・シ』の中でも、前章で紹介した『パンデミック後の選択』で出てくる「無関心のグローバリゼーション」という言葉がすでに現れています。

> 環境悪化によってますますひどくなる貧困から逃れようとしての移住者数は、痛ましいまでに増加しています。（中略）悲しいことに、いまも世界中至るところで生じているそうした苦しみへの無関心が広まっています。わたしたちの兄弟姉妹を巻き込むこうした悲劇に対する反応の鈍さは、あらゆる市民社会の基礎である同胞への責任感の喪失を示しています。（中略）米国の司教団が述べたように、「強力な利害関係に押されがちな議論においては、とくに、貧しい人、弱い人、傷つきやすい人の必要」にもっと関心を払うべきです。わたしたちは一つの家族であるという自覚を深める必要があります。自分には関係がないというための、政治的、社会的な、国境もなければ障壁もありません。ですから、無関心のグローバリゼーションが入り込む余地がないのはなおさらのことです。（同前、25、52）

教皇がコロナに直面した最初の時期に発したメッセージには、「無関心のパンデミック」というキーワードが含まれていました。このような言葉の選び方が、単なる思いつきや場当たり的なものではなくて、それまで教皇が発し続けてきたメッセージがコロナに直面して顕在化したものだということが、こういうコロナ以前に出た文書を見ることで分かると思うんです。「仲間である人間に対する優しさや共感や配慮が心に欠けているならば、人間以外の自然との親しい交わりの感覚は本物ではありえません」というような箇所からも、これが単なる環境問題の回勅ではなくて、環境問題という仕方で顕在化している、この世界全体の多面的な危機に直面して発された文書だということが分かりますよね。さらにそうした危機から脱するためにはどうしたらいいか、次のように教皇は語ります。

> あらゆるものはつながっています。環境への配慮はこうして、仲間である人間への真摯な愛、そして社会問題の解決のための揺るぎない献身と結ばれる必要があります。
> （同前、91）

あるいは、

わたしたちは、いつも、自分自身から出て他者へと向かうことができる存在です。そうしなければ、それぞれの価値をもつ他の被造物を認めることはできず、他者のためになるさまざまなことへの配慮には無関心となり、他者の苦しみやわたしたちの環境の悪化を防ぐための自制をし損ねてしまいます。閉塞性と自己中心性を打ち破る、自己を超え出るという基本的姿勢が、他者と環境に対するどのような配慮をも可能たらしめる土台です。（同前、２０８）

コロナ危機後に教皇は折に触れて、これは自己中心的なあり方、自分に閉じこもっているあり方から抜け出る決定的な機会なんだと述べています。自分の力だけでは自己閉塞的なあり方から出ていくことができない。それには、揺り動かされることが必要だというわけですね。危機に揺り動かされて初めて、無関心から救われ得るというわけです。

無関心というのは、他の人への配慮が足りないだけではなく、自分自身がいわば世界を喪失している状態です。実に多様な喜びにも苦しみにも満ちたこの世界の豊かなあり方に対して心が閉ざされてしまっていること。それは、無関心なあり方をしている人自身にとっての危機でもあるわけで、それを克服するための、揺り動かされるという決定的な画期に私たちは直面しているのだと、教皇はコロナに直面して繰り返し説いているんですね。

教会の枠を超えた教皇フランシスコの回勅

若松　表現に少し気をつけなくてはならないのですが『ラウダート・シ』は、本当に予見的ですね。私たちとは異なる視座で世界を眺めている人には、危機は随分まえから始まっていたということなのでしょうね。いまのお話を伺って私が思い出すのは、京都大学の宗教哲学者であった波多野精一[1]です。彼は「未来」と「将来」は同じではないというのです。未来というのはいまだ来ないものだけれど、将来はまさに来たりつつあるものだと。教皇フランシスコの回勅は、未来的な言葉ではなくて、将来的な、まさに来たりつつあるものを捉えて発言されたものだと思うのです。

神学的な時間というのは、過去、現在、未来の三つに分かれるのではなく、現在まさに来たりつつある将来を的確にとらえて対応していく力がある。コロナという事態になって初めて、未来性というよりも将来性というような、多くの人には見えていなかったけれども、もう一つの目を持っている人にははっきり見えていたものが、今の教皇の言葉で確かめられていくのだろうと思います。

先にもふれましたが、私が回勅を読むようになったのは教皇フランシスコの時代になってからです。そこから遡ってベネディクト十六世の回勅を読んだ。すると教皇フランシスコの『ラウダート・シ』で言われているようなことも、ベネディクト十六世の回勅を読んでみると、すでに述べられていることに気が付きます。そして、ベネディクト十六世の回勅を読んでいると、さらに三代前のパウロ六世へと遡っていく。私にとってこの経験はとても新鮮でした。教皇は、それぞれの名前を持つ個人でありながらつながっているわけです。『福音の喜び』や『ラウダート・シ』は画期的な新しさを持っている。しかし、あまり教皇ひとりの革新性だけを強調してしまうと、教皇という存在の持続性みたいなものを見逃してしまう、ということに改めて気づかされたのです。

教皇フランシスコと「危機」という問題は『使徒的勧告　福音の喜び』でも語られています。この本の第二章には「危機に直面する共同体」というタイトルがついています。ここでも教皇は、さまざまな無慈悲な営みがグローバル化していることにふれるのですが、なかでもじつに印象的だったのは、今日の大企業の世界戦略は、弱い人たちのいのちを奪うことになるという問題を、じつに率直な、強い言葉で語っていることです。

> 「殺してはならない」というおきてが人間の生命の価値を保障するための明確な制限を設けるように、今日においては「排他性と格差のある経済を拒否せよ」ともいわなければなりません。この経済は人を殺します。路上生活に追い込まれた老人が凍死してもニュースにはならず、株式市場で二ポイントの下落があれば大きく報道されることなど、あってはならないのです。これが排他性なのです。飢えている人々がいるにもかかわらず食料が捨てられている状況を、わたしたちは許すことはできません。これが格差なのです。現代ではすべてのことが、強者が弱者を食い尽くすような競争社会と適者生存の原理のもとにあります。

この文章を読んだときの衝撃は今もなまなましく覚えています。それまで知っていた教会の文章とはまるで異なることが、異なる文体で、異なる視座から述べられていたからです。教皇フランシスコにおいて注目すべきは、新しいことを言ったということよりも、これまで歴代の教皇が語ったことをまるで新しい仕方で、そして、教会の枠を超えた場所で語ったことだと思います。

先の文章も、教会がここまで踏み込んだ発言をするのかと思いました。「この経済は人を殺します」、それは誰もがうすうす感じていながら口にできなかったことでもあるのです。もちろん、こうした発言の背後には、のちに発表される『ラウダート・シ』での環境問題、気候変動などの問題意識が強く自覚されているわけです。

先に引いた言葉の少しあとに教皇は、他者を見失った現代人の心の惨状を語ります。

> 他者を排除する生活様式を維持するために、また自己中心的な理想に陶酔するために、無関心のグローバル化が発展したのです。知らず知らずのうちに、他者の叫びに対して共感できなくなり、他者の悲劇を前にしてもはや涙を流すこともなく、他者に関心を示すこともなくなってしまいます。まるですべては他人の責任で、わたしたちには責任がないかのようです。

現代において「グローバル化」したのは企業だけでなく、無関心も無慈悲も世界規模で広がったというのです。この世の不条理に誰も責任を感じない、こうした状況こそ、教皇にとっては、もっとも無慈悲に映ることなのだと思います。

教皇フランシスコと聖フランシスコ

山本　神学というのは単に抽象的なものではなくて、非常に具体的な、現実に対する直面や開きを与えるものです。そして教皇フランシスコについて考えるためには、やはりフランシスコという名前の原点であり、清貧と平和の思想を体現した十三世紀の聖人アッシジのフランシスコ（一一八二―一二二六）に立ち戻って考える必要があると思うんです。実際『ラウダート・シ』の冒頭に近いところで、教皇がアッシジの聖フランシスコについて詳しく語っている箇所があるので見てみます。

> ローマ司教に選ばれたときに、導きとインスピレーションを願って選んだ名前の持ち主である、あの魅力的で人の心を動かさずにはおかない人物に触れないまま、この回勅を書くつもりはありません。聖フランシスコは、傷つきやすいものへの気遣いの最良の手本であり、喜びと真心をもって生きた、総合的《インテグラル》なエコロジーの最高の模範であると、わたしは信じています。彼はエコロジーの分野で研究や仕事に携わるすべての人の守護聖人であり、キリスト者でない人々からも大いに愛されています。彼は殊のほか、被造物と、貧しい人や見捨てられた人を思いやりました。（同前、10）

ローマ司教（教皇）に選ばれた人は、自分で教皇としての名前を選ぶのですが、教皇は「傷つきやすいものへの気遣いの最良の手本」であるアッシジの聖フランシスコからの「導きとインスピレーション」を願ってこの名前を付けたのだと言います。「総合的なエコロジーの最高の模範」とも言っていますが、ここで言う「エコロジー」は「環境問題」という次元を超えています。それは神、他者、自然、自分自身との調和が取れた全体的で統合的な在り方のことです。

　アッシジの聖フランシスコはフランシスコ会という修道会の創立者ですが、「キリスト者でない人々からも大いに愛され」たという箇所は、日本でも、有島武郎[2]だとか阿部次郎[3]など、明治以来、実に多くの文学者がアッシジの聖フランシスコに惹かれて、さまざまな作品に書いていることからも分かりますよね。自然との調和を大事にしただけでなく、ハンセン病患者など弱き者に寄り添った。

　コロナ後に教皇がキリスト者でない人々にもメッセージを発し、コロナ禍で苦しんでいる貧しい人、見捨てられた人にメッセージを発したことが、この『ラウダート・シ』のテクストですでに予告されていたと読めると思うんです。続きを読んでみます。

> 彼は愛に生き、またその喜び、寛大な献身、開かれた心のゆえに深く愛されました。飾ることなく、また神と、他者と、自然と、自分自身との見事な調和のうちに生きた神秘家であり巡礼者でした。自然への思いやり、貧しい人々のための正義、社会への積極的関与、そして内的な平和、これらの間の結びつきがどれほど分かちがたいものであるかを、彼はわたしたちに示してくれます。（同前、10）

ここはすべてが凝縮されている文章ですね。徹底的に清貧を生き、弱き者とつながったアッシジの聖フランシスコについて語っていると同時に、教皇が自分自身について語っている側面があると思います。キリスト者でない人々にも開かれたメッセージを発する。貧しい人のことを第一に考える。そして、神、他者、自然、自分自身との調和を語る。これはすべて、アッシジの聖フランシスコの精神であるだけでなく、教皇フランシスコの精神でもあるのです。

「神秘家」という言い方も出てきますが、オースティン・アイヴァリーという人物が書いた、教皇フランシスコについての最も優れた評伝の中でも、教皇フランシスコ自身が「神秘家」だと捉えられています。本当に、この二人の「フランシスコ」は驚くべきほどに共通点を持っているのです。

前教皇ベネディクト十六世は書斎派の神学者だったけれども、フランシスコは環境問題のような現実社会の諸問題について発言する実践家なんだ、という単純な対比が為されることがしばしばあります。他方、教皇フランシスコ自身は、キリスト教の霊性・精神性と現実社会の諸問題に対する関わりを切り離すことにはとても否定的で、そのことを、「教会はＮＧＯではない」というような独自の言い方でしばしば語ったりもしています。「神秘家」とか「神秘主義」と言えば、目の前の現実に目を閉じて幻想の中に行くような逃避的で非現実的なイメージが抱かれていることが多いと思うのですが、そうではなくて、むしろ逆に、この世界のありありとした存在、実在に深く触れていくという意味でフランシスコのことを神秘家と捉えており、教皇フランシスコ自身がそういう人物であるからこそ、今起きている危機に本当に深いところで直面することができるということが、この回勅の冒頭のアッシジの聖フランシスコについてまとめて述べている部分で予告されていると言えると思います。「環境教育」というものについて触れている箇所を見てみます。

> それはまた、わたしたち自身の中での調和、他者との調和、自然やいのちある他の被造物たちとの調和、そして神との調和といったさまざまなレベルで、エコロジカルな平衡を回復させようとしてもいます。環境教育は、エコロジカルな倫理にそのもっとも深い意味を与えてくれる超越者に向かっての跳躍を助けてくれるはずです。（同前、210）

さきほども述べましたが、そもそも教皇フランシスコの回勅のタイトル「ラウダート・シ」とは、アッシジの聖フランシスコが書いた「太陽の歌」という讃歌の一節で、「あなたは讃えられますように」という意味です。自然界の万物を「兄弟・姉妹」とみなしたアッシジの聖フランシスコが、それらの兄弟・姉妹とともに神を讃美する内容になっているのです。

アッシジの聖フランシスコの名前が明示的に言及されてはいないわけですが、ここで言われているさまざまな調和――自己自身との調和、他者との調和、自然との調和――からは、まさに小鳥に説教したと言われるような、自然との調和を重視したアッシジの聖フランシスコが体現していたイメージが、現代の環境教育を考えるさいの根源的なインスピレーションを与えていることが読み取れると思います。

神の作品の保護者たれ、との召命を生きることは、徳のある生活には欠かせないことであり、キリスト者としての経験にとって任意の、あるいは副次的な要素ではありません。アッシジの聖フランシスコの姿を思い起こすことによってわたしたちは、被造界との健全なかかわりが、全人格に及ぶ回心の一面であることに気づかされます。
（同前、２１７、２１８）

「神の作品」とは、自然界、全世界ということです。『旧約聖書』の「創世記」には、「人に、海の魚、空の鳥、家畜、野のすべての獣、地を這うすべてのものを治めさせよう」（1章26節）という、自然界に対する人間の支配的な文言があることで、キリスト教といえばむしろ自然破壊の元凶のように言及されることがしばしばあります。

しかし、そういう環境に対して支配的で否定的なあり方がキリスト教の副産物であるどころか、むしろ自然界は人間と同じく神を「父」とする兄弟・姉妹だと捉えるのがアッシジの聖フランシスコの基本的な発想なのだと、その兄弟・姉妹と健全な関わり合いを持つことが、神とふさわしい関係を持つために不可欠であると、そういう仕方で教皇フランシスコはキリスト教を捉え直しているわけです。そうした文脈において、教皇は、中世のキリスト教を代表する神学者であったボナヴェントゥラ[4]の言葉を引用します。

彼の弟子であった聖ボナヴェントゥラはわたしたちにこう語ります。「すべてのものの根元的な源に思いをはせるとき、彼はあふれるような敬虔さに満たされ、どんな小さなものでも、あらゆる被造物を自分の兄弟・姉妹と呼んだ」。（中略）もし存在するすべてのものと親密に結ばれていると感じるなら、節制と気遣い《ケア》がおのずとわき出てくるでしょう。聖フランシスコの貧しさと簡素さは、禁欲生活の単なる外観ではなく、はるかに徹底したものであって、現実を利用や支配の単なる客体におとしめてしまうことへの拒絶なのです。（同前、11）

「彼の弟子であった」というのは、生前に直接関わりがあったということではなく、没後にボナヴェントゥラがフランシスコ会の総会長になる、ということを指しています（幼児期にボナヴェントゥラが聖フランシスコの「奇跡」によって癒やされたという伝説はあります）。ボナヴェントゥラは十三世紀をトマスとともに代表する大神学者です。そのボナヴェントゥラが「すべてのものの根元的な源に思いをはせるとき、彼はあふれるような敬虔さに満たされ、どんな小さなものでも、あらゆる被造物を自分の兄弟・姉妹と呼んだ」とアッシジの聖フランシスコのことを述べているわけですね。

キリスト教の歴史を代表する神学者の一人が、抽象的な理論としての神学を繰り広げているだけではなく、ある意味で非常に素朴な、小鳥に説教するような聖人であったフランシスコの伝記を書き、聖フランシスコの原点には、あらゆる小さなものを、あらゆる被造物を、自分の兄弟・姉妹と呼ぶという発想があったと言う。そして、存在するすべてのものとの親密な結びつきを何よりも重視する。抽象度の高い神学的な体系の原点にこうした素朴な発想があることが透けて見えるとても重要なテクストだなと思います。

断裂をいやす

山本　また、この回勅でもう一回ボナヴェントゥラが出てくる重要な箇所があります。

意味深いことに、アッシジの聖フランシスコがすべての被造物とともにあって経験した調和は、そうした断裂のいやしとして理解されたのです。聖ボナヴェントゥラは、

> 聖フランシスコが、あらゆる被造物との普遍的な和解をなし遂げることで、何らかの意味で原初の無垢な状態に戻ったのだと受け取りました。戦争、種々の暴力や虐待、もっとも脆弱な者の放置《ネグレクト》、自然への攻撃に、罪の破壊力のすべてが露わになっている今日のわたしたちの状況は、それとは似ても似つかぬものです。(同前、66)

ここは非常に重要な箇所だと思うのです。「アッシジの聖フランシスコがすべての被造物とともにあって経験した調和」は、『旧約聖書』の「創世記」に描かれた「断裂」、アダムとエバが罪を犯した後にもたらされたこの世界全体の多面的な「断裂」に対する「いやし」として理解されたのだと言うわけです。

神が六日間で世界をつくったあと、アダムとエバが禁じられた木の実を食べてしまい、そこで神と人との関係に歪みが生じ、それがアダムとエバの関係にも歪みをもたらし、二人の罪によって大地自体が歪んでしまった。『聖書』ではこういう神話的な説明が為されているわけですね。他方、その同じ「創世記」では、世界をつくった最終日に「神はお造りになったすべてのものを御覧になった。見よ、それは極めて良かった」(「創世記」1章31節)と語られてもいます。

原点においては調和的なあり方をしていた世界全体が、人間の罪を通じて歪んでしまった。しかし、聖フランシスコが体現していた調和的なあり方、「あらゆる被造物との普遍的な和解」というあり方を一つの光源としてみると、現代世界に満ちているさまざまな不調和がありありと見えてくると、教皇フランシスコは神学者であるボナヴェントゥラの言葉を手がかりにしながら述べているわけです。

神学というのは、若松さんの言葉で言えば、実に豊かなコスモロジーを与えてくれるものだと思うのです。自然界、自分、他者、そしてこの世界の究極的な根源である神、そうしたすべてのものを緊密なつながりのもとに捉えるような大きなヴィジョンを与えてくれる。実際にキリスト教の信仰を抱くか否かは別にして、そのヴィジョンを一つのモデル、光源にすることによって、現代世界に満ちているさまざまな不調和がありありと露わになってくる。危機を危機として浮き彫りにさせる光の源としての意義を神学が持ち得る、ということがよく分かる箇所と言えるのではないでしょうか。

摂理的ということ

若松　教皇フランシスコは教皇になるまでアッシジに行ったことがなかったんですよね。

出身母体がイエズス会で、フランシスコ会とはどちらかというと相容れない部分がたくさんあったところから、フランシスコの名前を持った教皇が生まれたということも象徴的ですが、彼自身が教皇になってしばらくのちの講演で、フランシスコという名前は自分が教皇になることが決まりかけてきたとき、自分に降りてきた、という話をしています。ずっと考え抜いて選んだ名前ではなくて、自分のところにフランシスコという名前が訪れ、それとともに、自然と貧しさと平和というものが自分の使命として降りてきたのだと。

　これは、ある意味では神秘的だと思います。「私は昔から聖フランシスコを敬愛していて、教皇になったのでその名を選んだ」というのではない。彼の個性を超えて、聖フランシスコの使命が降りてきている。でも、振り返ってみると、教皇がホルヘ・マリオ・ベルゴリオ枢機卿だった時代から取り組んできたことが、こうした回勅に結実していくことに、何か見えざる物語を感じざるをえません。

山本　あまり安易に摂理的という言葉を使いたくはないんですが、教皇フランシスコはそれを感じさせるんですよね。教皇になって最初のメディア関係者へのあいさつで述べているのが、教皇に選ばれたとき、すぐそばにいた別の枢機卿が、「貧しい人々のことを忘れないでください」と彼に言ったということです。その言葉から刺激を受けて、フランシスコ会にもともと属していたわけでもないのに、フランシスコという名が浮かび上がってきたわけです。アッシジの聖フランシスコは「貧しさ」の精神を体現した人物だったからです。そこから『ラウダート・シ』というタイトルを持った回勅が生まれ、そこで予感されていたことがコロナに対する対応にまでつながってくることを考えると、まさに何かの力に動かされて選ばれた名前という感じがしますよね。

若松　今、山本さんが言及してくださった談話に、私がとても打たれた言葉があるのです。

それからわたしは、投票数の計算が続き、すべて終わるまで、戦争のことを考えました。フランシスコは平和の人です。こうしてアッシジのフランシスコという名前がわたしの心に入ってきました。フランシスコはわたしにとって貧しさの人、平和の人です。被造物を愛し、守った人です。現代においても、わたしたちは被造物とあまりよくない関係をもっているのではないでしょうか。フランシスコという人、この貧しい人は、この平和の精神もわたしたちに与えてくれます。……どれほどわたしは貧しい教会を、貧しい人のための教会を望んだことでしょうか。（「メディア関係者へのあいさつ」『教皇フランシスコ講話集1』カトリック中央協議会司教協議会秘書室研究企画訳、

カトリック中央協議会）

この最後にある「どれほどわたしは貧しい教会を、貧しい人のための教会を望んだことでしょうか」という一節です。この言葉にふれたとき、私は教会だけでなく、この世界のある部分が大きく動いたように感じました。これまでも教会が「貧しい」人を支えるということはあった。しかし、教皇は「貧しい」人たちこそ、教会の中心にいるべきだというのです。これは確かに従来の教皇の見解よりも一歩踏み込んだものです。

いま山本さんが「摂理」という言葉を簡単には使いたくないが、と断りつつ、「摂理」という言葉を使った。この世界には、じつにさまざまな「理」はあります。論理、数理、心理、あるいは哲理という言葉もあります。これらは皆、哲学的、思想的問題になり得ます。しかし、「摂理」は、神学の助力を請わなくてはならないと思うのです。

そして、摂理と聞いて思い出すのは鈴木大拙です。鈴木大拙は戦後、一九四六年に昭和天皇・皇后に仏教をめぐってご進講しています。それがのちに『仏教の大意』という本になります。そこで大拙は、仏教の話をしているのですが、摂理の問題に言及しているのです。

山本　摂理というと、不合理に聞こえるところがあるわけですが、これは英語で言えば

providence《プロビデンス》。もともとラテン語では providentia《プロビデンティア》といって「前を見る」という意味なんですよね。あらかじめ見る、前を見る、神とは当然そういう過去・現在・未来を一望するような視野を持っていると神学では考えるわけです。

人間も深い祈りの中で、また深い洞察力を身につける中で、そういう前を見るあり方、少なくとも予感するあり方に分け与《あずか》ることがありうると考えれば、単に不合理で不思議なだけの話でもないと言えると思います。

若松　先に鈴木大拙は「摂理」を語ったといいましたが、彼は「摂理」という言葉を使わずに「神慮《しんりょ》」という。もちろん原義としては providence《プロビデンス》です。大拙はこう語っています。「霊性的自覚の人は、それ故に、『神慮』に叶《かな》った人です。神慮とは仏教的にいうと、因果です、自覚の人には不落も不昧もありませぬ」（『仏教の大意』、角川ソフィア文庫）。

ここでいう「霊性的自覚の人」は、真の意味で神学的な眼の開かれた人といえるかもしれません。そうした人には神慮、神の慮《おもんばか》りが感じられる。危機を人の慮りだけで切り抜けていこうとするのは、限界があるということを暗示しているように思えるのです。

神学の世界における光

若松　少し話が変わるのですが、私たちが神学に接近するときの態度という問題を考えてみたいのです。神学という言葉は知っていても、それにどのように向き合ったらよいか分からないという人は少なくないと思うのです。

　ここで取りあげてみたいのは十字架の聖ヨハネです。この聖人は、キリスト教の神秘神学の中でおよそ不動の位置を占めると言っていい人物です。彼は、自分の修道会であるカルメル会を改革しようとする。しかし、改革しようとするがゆえに自分の身内による迫害にあって、幽閉されるなど大変厳しい日々を送ることになるのです。そうした苦難の経験から、不朽の神秘神学が生まれてきた。そうした彼の主著が、今日ふれてみたい『カルメル山登攀』（奥村一郎訳、ドン・ボスコ社）です。彼は「神の叡智」というものに結びつくために私たちはどうしたらいいのか、とても示唆的なことを語っています。

> 神の叡智に結びつけられるために、自分の知恵や賢さに頼ろうとするものは、神のみ前において無知も甚しいものであり、その叡智からはるかに遠ざかることになる。なぜなら、聖パウロが言っているように、このような「知恵は、神には愚かなるもの」であり、無知は、真実の知恵とは何であるかということを知らないからである。

とても衝撃的な言葉です。神の叡智に結びつこうとするものは、自分の知恵や賢さに頼ろうとしてはならない。それは神の前には無知にほかならないというのです。

これは、私がコロナ禍において経験したことそのものです。大きな不安の中に投げ込まれたとき、ほとんど本能的と言ってもいいのですが、自分の知恵や賢さに頼ろうとして、それがもろくも崩れ去る経験をした。そうしたなかで十字架の聖ヨハネの言葉に帰っていったわけです。

同じ本の中で、十字架の聖ヨハネは「神の叡智と結びつくに至るためには、『知』よりも、むしろ『不知』の道を通ってゆかなくてはならない」とも書いています。「不知」と訳者の奥村神父はお訳しになっていますけども、この「不知」は単なる知の否定形ではなくて、むしろ英語で言うbeyond《ビヨンド》の感覚に近いと思うんですね。知を否定するのではなくて、知を包み込み、なおかつ知を超えていく道を通っていかなくてはならないというのです。

コロナ危機のなかで、この「不知の道」という言葉にふれたとき、とても確かなものにつながったと感じたのです。そして、神学に信頼を深めた。「不知」ではなく「知」の力であれば、哲学に頼ることになるかもしれないけれども、不知の道というものを通っていくためには、神学の力を借りなければならない。

ある人は、無知の知を説くソクラテスは哲学者ではないか、というかもしれません。しかし、ソクラテスのように「神霊《ダイモーン》」とのなまなましい対話を告白できる哲学者がいま、どれほどいるでしょうか。ソクラテスの時代の哲学というのは、神学を内包していたのではないかということです。同様のことをパウロも述べています。

「目が見たこともなく、耳が聞いたこともなく、
人の心に思い浮かんだこともなかったこと、
これこそ、神がご自分を愛する者たちのために
用意してくださったもの」（「コリントの人々への第一の手紙」）

これはとても印象的な言葉ですよね。目が見たこともなく、耳が聞いたこともなく、人の心に思い浮かんだこともなかった。これこそが神がご自身を愛する者たちのためにご用意くださったものだという。危機を潜り抜けていくときに、私たちに必要なものはこういうものだとしたら、今までとは違った道を歩んで行かなければならない可能性がある。

あるいは山本さんがご紹介くださった『パンデミック後の選択』の、「内奥が揺り動かされる」という言葉が実現されていく道程においても、この「目が見たこともなく、耳が聞いたこともなく、人の心に思い浮かんだこともなかったこと」が出来事の核になって、何かが起こるということがあるのではないかと思うのです。

十字架の聖ヨハネは、「もし人が神を見たいと思うならば、たしかに、太陽のまばゆい光を直視するよりももっと早く、神をまじかにして、自身暗黒になってしまうものである」と書いています。

神の光は、あまりに大きいから、その中にいるとき、私たちは暗黒の中にいるかのように感じてしまうことがある。神の光というのは、私たちが想像している光というものをはるかに超えているというのです。

人は、当然ながら自らの経験に言葉を当てはめることによって世界を理解します。しかし、それを超えていくような何かによって世界の、意味の深みを探り当てていくことが可能なのであれば、私たちはその力を借りなければならないのではないかと思ったんです。

さらに驚くべきことは、「それが暗いものでありながら夜を照らした」ということです。十字架の聖ヨハネはこう書いています。

> 驚くべきことは、それが暗いものでありながら夜を照らしたということである。というのは、霊魂にとって、信仰は真暗な雲であり、信仰のあるところには、自然の光は奪いとられて盲目となり、霊魂もまた夜となりながら、しかも信仰はその霊魂を照らし、霊魂の闇に光を与えるからである。（『カルメル山登攀』）

十字架の聖ヨハネは常識的な論理を超え出た世界をどうにか活写しようとしているのですが、この一節は、明らかに通常の文法、あるいは語法を逸脱しています。しかし、それが虚偽だとは限らない。ここで私たちが経験している危機を、神学の論理で感じ直してみたいのです。

危機を経験している者にとって、世界、あるいは今というものが闇に感じられることがある。もう一歩もここから進むことができないほどに大きな、越えがたい試練に思えることもあります。しかし、私たちはそのときに、今までとは違うもう一つの光に出会うのかもしれない。あるいは、私たちにとって本当に必要な光というものは、パウロが、あるいは十字架の聖ヨハネが語っていたように、それまで経験した光とは異なる姿で顕現するのではないか。
「この道において光をもつためには、闇のうちにいなくてはならない」とも十字架の聖ヨハネは書いています。それは闇に留まれということではないのです。また、暗いところにいるとき、人は光を見出しやすいということでもない。それなら「暗いものでありながら夜を照らした」ということにはならない。かつて闇に見えたものが、光を超えた光へと変貌する、というのです。

　十字架の聖ヨハネの言葉が真実であるなら、闇にいるとしか感じられない今のような時代にも、私たちはこれまでに経験したのとは別種の光を経験しているのかもしれない。闇の経験というものを単に忌諱《きき》するだけではなくて、その奥にあるものを見いだしていかなければならないのかもしれないのです。

　もしかしたら十字架の聖ヨハネの影響もあるのかもしれませんけども、先に見たグァルディーニも、祈りは、否定的な現実を、ある力にかえていく現場なのだと書いていました。祈る前は落胆するほかなかったものが、祈りという現場を通じることによって、その意味と価値と手応えのようなものを逆転させることができる、というのです。これは一日の出来事であるだけでなく、もう少し長い時間軸でもいえるのではないかと思いました。

山本　神学というのは、この世界に、ある種強引な意味づけを与えるもののように捉えられることがあると思うんです。キリストの「復活」や「十字架」や、あるいは「天国」といったある日常的な言葉を使って、この世界に対して無理矢理意味を与えようとするタイプの「神学」や「信仰」というものがしばしばあります。確かに、コロナは神による天罰だ、というような強引な意味づけを世界に与えていくものがある一方で、とりわけ「神秘神学」と呼ばれているような潮流の中には、そうした安易な意味づけを剝《は》ぎ取っていくものもある。

　そもそも人間というのは、べつに神学者でなくとも、いろんな出来事に意味を与えたがるわけですね。その安易な意味づけを一つずつ剝ぎ取っていくことによって、この世界のリアルな真相に少しずつ肉迫していく。すぐにわかろうとするのではなくて、安易にわかろうとする態度を一つ一つ脱ぎ去っていった果てに何が見えてくるか、ということに取り組むのが神秘神学、あるいは「神秘家」と呼ばれている人々がやっていることです。いま若松さんがおっしゃったことも、そういう意味で本当の神学のあり方を示唆するお話にもなっていたかなと思いました。

若松　これまで山本さんの話を聞いてきて、持続的に語りかけてくる神学というのは、思考されたものではなくて、生きられたものなのではないかという実感が湧いて来ました。

これは私の読解の末の結論ではありません。もっと直観的なものなのです。

詩を読み、詩を書いているとき、その意味以前に言葉の響き、言葉の力のようなものを感じることがあります。それは「作られた」詩では起こらない。「生まれてきた」というべき作品においてのみ起こるのです。

ではトマス・アクィナスはあの日本語訳全四十五巻にも及ぶ『神学大全』をすべて生きたのかと言えば、実際生きたと思うのです。それは、単に思考されたものではなく生きられたものであるからこそ、残っているのでしょうね。思考は変わってゆくけれども、しかし、生きられた経験というのは変わらない。深まっていくことはあっても変わらない。神学においても論説以前に言葉そのものに「いのち」が宿っていることを改めて感じました。生きた言葉、生まれた言葉は、翻訳されたくらいでは生命力を失わない。『聖書』がそれをもっともよく物語っています。

先に山本さんから、教皇フランシスコの言葉を引きながら「内奥から揺り動かすもの」という話がありましたけれど、神学の言葉というのは、ある意味私たちを動揺させて、頭と違うところを揺り動かさせて、もう一度立ち上がらせようとするものでもありますね。そういう言葉を、神学的古典に見いだして学び直すことが今日の喫緊の問題なのではないかと思います。

神秘家としての教皇フランシスコ

山本　神秘家と呼ばれるような人たちが自らの経験に基づいて紡ぎ出した今のような言葉と、トマス・アクィナスのような抽象的な、理論的な神学者の言葉を対比させて捉えるような見方があるんですね。中世の思想を捉える際にも、スコラ神学と神秘主義みたいな仕方で対立的に捉える理解の仕方があったりするんです。でも、これは非常に一面的な見方です。

例えば二十世紀を代表する偉大な神学者の一人にガリグ・ラグランジュ[5]（一八七七―一九六四）という人がいるんですが、この人は、十字架の聖ヨハネの神秘主義とトマスの神学を統合するようなことをしました。『神学大全』のようなスコラ神学の体系的な書物を書いたトマスは、無味乾燥で教科書的な書物を書いた人物なのだと思われがちなのですが、若松さんが今おっしゃったような生き生きとしたものとの触れ合いを目指し、そこから言葉を紡ぎ出していった人物として受け止め直すこともできるのです。だからこそ、そうした神学者によって語られた言葉が、危機に直面している我々に力を与えるものたりうるのだということを強調したいですね。

若松　表面的には相対して見えるものが、神学の中では調和し、そして新しく生まれ変わり得るということがあると思うんです。十字架の聖ヨハネとトマスのように、単に足し算ではない、有機的な変化というものが神学の歴史にはある。それは、私たちの頭で考えるような学説の衝突ではなくて、もっと私たちの存在をかけた、本当の意味での対決であって、すると足し算でもなく掛け算とも言えない、もっと有機的なものが浮かび上がってくるんだと思うんです。

私は須賀敦子[6]の『ヴェネツィアの宿』（文春文庫）に書かれている、トマスとボナヴェントゥラが論議して歩いたという話が好きなんです。この作品で自らの若き日のフランス体験にふれつつ、教会は時代の問題にどう応えることができるのかをめぐって書いています。「アリストテレス的な神学理論を展開して危険人物視された」トマスと、「プラトン派の神学者だった」ボナヴェントゥラ。一見すると相入れないにもかかわらず、とても深いところでつながっているということを、須賀さんはその言葉で象徴したいのだと思ったんですね。

学説が違ったとしても、それは相入れないということではなくて、むしろ私たちをもっと広い豊かな場所へ連れて行ってくれるというのが、須賀さんが描き出したかったことではないかと思いながら聞いていました。

山本　先ほども少し言及しましたが、オースティン・アイヴァリーという人が書いた『教皇フランシスコ　キリストとともに燃えて――偉大なる改革者の人と思想』（宮崎修二訳、明石書店）というとても分厚い評伝の中で、神秘家としての教皇フランシスコについて書かれているんです。

この教皇フランシスコは、もともとはフランシスコ会の伝統と関わりがある人物ではなく、イエズス会に属していました。日本にキリスト教をもたらしたのもこのイエズス会なわけですが、その創立者がイグナチオ・ロヨラ[7]（一四九一―一五五六）です。そして、この評伝を書いているアイヴァリーという人が、教皇フランシスコとイエズス会の創立者であるイグナチオ・ロヨラを比較して、次のように類似点を見いだしています。

> フランシスコ教皇がイグナチオと似ている点がもうひとつある。ひとりの人の中にあまり組み合わされることのない二つの性質が融合しているという点である。（中略）天性のリーダー、教師、交渉人としての並外れた技術をもって、人の心を読み、その信頼を得て、彼らに影響を与え、高い理想の実現のために彼らを組織する能力があった。その一方で、イグナチオは（フランシスコ教皇と同様）神秘主義者であった。霊

の在り処を見極め、より大きな善、神のより大きな栄光のためになることを選んで日々を暮らしていた。（中略）精神的な導き手がよい支配者になることはほとんどなく、政治権力を握る人に聖者はほぼいない。イグナチオとフランシスコ教皇はその型を破る数少ない例なのである。

これは先ほどの話とも関係しますが、前教皇が非常に厳格な神学者だったのとは違って、教皇フランシスコはプラクティカルな実践家だという言い方がされることがあります。ですが、最も優れた教皇フランシスコの評伝を書いている人物が、教皇フランシスコは神秘家だと述べているのは非常に興味深いところだと思うんです。

このアイヴァリーの言葉に導かれて『ラウダート・シ』を読み直してみると、神秘家としての教皇のあり方が顕著にあらわれていることが読み取れるんです。『ラウダート・シ』の冒頭に近い箇所で、「世界は、解決すべき問題であるよりは、むしろ歓喜と賛美をもって観想されるべき喜ばしい神秘なのです」（『ラウダート・シ』12）と言われています。このような箇所を読むと、一般的に環境問題についての回勅と言われる『ラウダート・シ』が、単に二酸化炭素の排出量を世界でどう分担すればいいのか、といった観点からの実践的な問題解決の書物ではなくて、「歓喜と賛美をもって」この世界の神秘を観想するような姿勢へ人々を促しながら、見失われているこの世界とのふれあいの真の喜びへと多くの人の眼が開かれるきっかけになれば、という強い思いによって書かれた書物だということがわかります。この世界に対する基本的な姿勢の変更を促していく書物ということですね。そういう読み方の妥当性は、この回勅の終わりを見てみてもわかると思います。ここでもまたボナヴェントゥラの話が出てきます。

　天地万物は、遍在する神において、真の姿を開示します。それゆえ、ひとひらの葉に、一本の野道に、一滴の露に、貧しいだれかの顔に、神秘的な意味が見いだされうるのです。魂の中におられる神のわざに触れようと、外から内へ向かうばかりではなく、あらゆる物事の中に神を見いだすのが理想です。聖ボナヴェントゥラは、「心の中に神の恵みの働きを感じれば感じるほど、また、他の被造物において神を認めれば認めるほど、観想は深まる」とわたしたちに教えます。（『ラウダート・シ』２３３）

キリスト教の神というのは非常に超越的な神で、日本人の汎神論的な、自然界との調和を大事にするあり方とは対極的だということがしばしば言われたりするわけですが、「ひとひらの葉に、一本の野道に、一滴の露に」というあたりを読むと、それとはかなり違うあり方が示されていることがわかると思います。

若松さんと私の師匠である井上洋治神父[8]は、多くの本で「汎在神論」を述べているのですが、それは「この世界＝神」というあり方ではなく、この世界のあらゆるものの中に神を読み取っていく、あらゆるものが神の力によって存在していると捉えるあり方です。あらゆるものと深く触れ合うことを通じて、その原点にある神と深く触れ合っていくあり方が、ボナヴェントゥラの言葉を引きつつ、教皇フランシスコによって示されている。これはやはり非常に神秘主義的な発想ですよね。この次の節には、十字架の聖ヨハネが出てきます。

> 十字架の聖ヨハネは、この世界の実在や経験の中におけるよさはすべて「神において卓絶した様式で無限に見いだされる、というより、むしろ、これらの優秀性のおのおのは神であるといったほうがよいだろう」と教えました。（同前、234）

この世界におけるよさ、その「優秀性のおのおのは神であるといったほうがよいだろう」とまで言っているわけで、この世界と神とを同一視する汎神論と言われかねない言い方です。教皇はそこで、次のように解説を加えます。

これは、この世界の有限な物事が実際に神聖だからというのではなく、この神秘家が、神とすべての存在との間にある親密なつながりを経験し「神が自分にとって万事であると体験する」からです。山を前に畏怖の念に打たれて立ちすくむと、人は、その体験を神と切り離すことはできず、生き生きとした内的畏怖は主《しゅ》に帰すべきものであることを知るのです。（同前、234）

といって十字架の聖ヨハネの言葉を次のように引用します。

「山々は高く、豊饒で、広大で、美しく、優雅で、花々が咲きみだれ、芳しい香《かおり》にみちている。わたしにとって、わたしの愛人は、こういう山々である。（後略）」（同前、234）

この「愛人」という訳はなんとかならないのかと思いますが、つまりは人間によって愛される神のことです。このかけがえのない世界と深くつながり直すことの重要さについて、教皇は有名な神秘家である十字架の聖ヨハネの言葉を引きながら述べているのです。つまり、私たちが直面している危機をひと言で言うと、この世界との——他者との、自然界との、この世界の根源との——生き生きとしたつながり、ひいては自分自身とさえ生き生きとした深いつながりが見失われていることなのだと。そして、それを癒すための手がかりが、一見非常に迂遠なようにも思われる神秘家のテクストの中に見いだされるのだと、末尾で教皇は示唆しているわけです。

詩と神学

若松　今のお話を聞いていて、神学における詩の力についても思いをはせていました。というのも、十字架の聖ヨハネの代表作はすべて、自作の詩を自註するという形でつむがれているからです。彼にとって詩は、自分で作るものではなく、神に与えられるものだったということがその言葉を読んでいるとありありと分かります。詩というものがとても大事だと思うんです。詩というのは沈黙と余白の力を借りて、意味の深みを私たちが感じようとすることです。これまでも沈黙のコトバという問題にふれてきましたが、神学における詩こそ、その典型的な現場にほかなりません。

詩を論理的に読むだけでは不十分です。そこにはいくつもの象徴や隠喩がある。それはある種の神学にもいえると思うのです。

教皇フランシスコもまた『使徒的勧告　愛するアマゾン』（カトリック中央協議会事務局訳、カトリック中央協議会）で、現代の根本的な問題を解決していくのに詩の力がとても大事だと語っているのです。この本は、南米のアマゾン地方の破壊に象徴される出来事と福音宣教がどのような関係にあるのか、あるいは教会はどのような責任と義務を有するのかをめぐって記されたものです。

> 詩は、今日わたしたちの多くが共有する痛みを表す助けとなります。避けようがない事実は、現況では、このようにアマゾンを扱っていけば、たとえ多くの人が何事もないと思い込みたいとしても、あまたのいのちとあまたの美は「終焉《しゅうえん》への道を歩んで」いるということです。（「アマゾンの叫び」47）

論理はもちろん大事なんだけれども、それだけでは太刀打ちできない何かに私たちは直面していて、詩の力、あるいは芸術の力によっても、この危機を私たちは打開していかなければいけないのだというのです。

ここで「あまたのいのちとあまたの美」という記述に注目したいと思います。教皇フランシスコは、社会的、政治的な発言が注目を集めがちですが、さきほど山本さんが語ってくれたように、彼自身の本性が神秘家であり、そして同時に「いのち」の人であり、「美」の人でもあるのです。神学だけでなく「いのち」と「美」は、キリスト教の本質を考えるとき、そして、教皇フランシスコの著作を読むときにも重要な鍵となる言葉なのです。

無関心からの解放

山本　最後に、『兄弟の皆さん』（西村桃子訳、カトリック中央協議会）というごく最近邦訳された教皇フランシスコの最新の回勅についても言及しておきたいと思います。この回勅は、もともとはイスラム教の指導者との対話をきっかけに、「兄弟愛」と「社会的友愛」について、狭い意味でのキリスト教的な枠組みを超えて考え直すという趣旨で書かれ始めたものでした。ところが、その最中にコロナの問題が起きたので、あらためてコロナの問題も踏まえ、兄弟愛、社会的友愛について考えるという回勅になったんです。この中に出てくる「善きサマリア人のたとえ」についての言葉がとても興味深いので見てみたいと思います。「善きサマリア人のたとえ」については、本書の冒頭でも詳しく言及してきましたが、教皇の解釈がとても秀逸なのです。

> はっきりいえば、この物語は、抽象的な理念を暗示するものでもなければ、社会的・倫理的な教訓を伝える役目しかないものでもありません。忘れられがちな、人間の本質的特徴を明らかにします。わたしたちは愛においてのみたどり着くことのできる充満のために造られた、ということです。他の痛みに無関心で生きるという選択はありえません。だれかを「人生の隅」に放ったままにしておくことは許されないのです。そのことに憤らなければなりませんし、人間の苦しみに、動転するほど心乱されるべきなのです。それが尊厳なのです。（『兄弟の皆さん』68）

「動転するほど心乱されるべきなのです」という言い方は、おそらく「善きサマリア人のたとえ」の中に出てくるスプランクニゾマイというギリシア語の動詞に由来するものでしょう。善きサマリア人のたとえの話の中で、強盗に襲われてけがを負った人の前を、祭司たちは助けることなく通り過ぎていく。それに対して善きサマリア人は「憐れに思い」、けが人を介抱する。この日本語で「憐れに思い」と訳されている箇所は、ギリシア語の「はらわた」（スプランクノン）に由来する動詞（スプランクニゾマイ）が使われているので、「はらわたがよじれるほど心が揺り動かされる」という意味なんですね。

つまり、善きサマリア人は、強盗に襲われて死にそうになっている人を見て、はらわたがよじれるほどに心を揺り動かされ、だからこそ助けた。そういう仕方で、この世界で起きている危機的な状況に心を揺り動かされることを通じて無関心から解放されていくというわけです。

先ほども言いましたが、無関心であるというのは、関心を持たれない人が苦しいだけではなく、無関心な人自身が、いわばこの世界を失ってしまっていて苦しい状態でもあるわけです。このように、自分のことだけに囚われたあり方から解放されるきっかけが、危機的な状況に心を揺り動かされるところにあるのだと教皇は繰り返し強調しているんですね。

次の発言も興味深いものです。

> 他者のもとへ行き、わたしたちのものである現実を、痛みや無力感におびえることなく引き受けようではありませんか。その現実に、神が人間の心に蒔《ま》かれたすべてのよいものがあるからです。（中略）めいめいが、それを独りでするのではありません。サマリア人は、あの男の人の面倒を見てくれる宿屋の主人を求めました。わたしたちも広く呼びかけて、小さな個の集合よりも強力な「わたしたち」に巡り会うよう招かれています。（中略）旅の途上のサマリア人は、お礼や感謝を待つことなく去っていきました。奉仕への献身は、自らの神と人生とに向き合っての深い充足であり、それゆえ責務でした。（『兄弟の皆さん』78、79）

ここではサマリア人が襲われた人を助けたことで深い充足を得たこと、他者との深い関わりの中で現実に触れて満たされたことが語られているわけですが、私がここで面白いと思ったのは、「宿屋の主人」が出てきていることです。

　この宿屋の主人というのは、「善きサマリア人のたとえ」の中では、言ってみればマイナーな登場人物です。一般的には強盗に襲われた人と、通り過ぎた二人、そしてサマリア人の物語として語られるわけですが、サマリア人は、その襲われた人を宿屋の主人のもとへ連れて行くわけですね。そして「介抱してください。お金が足りなかったら帰りに追加の代金を支払いますから」と言って、善きサマリア人は去っていく。

『兄弟の皆さん』における解釈においては、見過ごされがちな宿屋の主人がクローズアップされています。思いがけず一つの危機に直面し、他者との断絶から解放された善きサマリア人が、それまでは深い関わりのなかった宿屋の主人との関わりによって、ある種の協働性へ導かれていくということが語られているわけです。宿屋の主人もまた、危機の中でそうした協働性へと呼び出されているわけですね。

「宿屋の主人」はもちろん、この宿屋の主人ひとりに限られません。危機に直面する中で、他者との深いつながりへと導かれ、無関心から解放されていくという人間にとっての普遍的なあり方が示されているのです。コロナという危機においても、そういう新たな協働性が私たちに開かれうることを教皇は強調しているのです。

「危機こそ画期である」というこうした観点は、この回勅だけではなく、コロナに直面して出されたもう一冊の本『教皇フランシスコ　コロナの世界を生きる』（早野依子訳、PHP研究所）の中でも語られています。先ほど紹介した評伝作者のアイヴァリーさんとのやりとりの中でつくられた本で、英語の原題は *Let Us Dream: The Path to a Better Future* ですから、「夢を抱こう、よりよき未来への道」とでも訳せるでしょうか。この中から、訳し直してみた一部をご紹介したいと思います。

> 　コロナウイルス感染症は、無関心のウイルスというもう一つのパンデミックを暴露しました。それは、目をそらし、直接的なまたは魔法のような解決など存在しないのだから何も感じないほうがよいと自分に言い聞かせることとの結果なのです。（中略）無関心は、神が提供しようと待ち構えている可能性に対して私達を塞ぐことによって聖霊を遮ってしまいます。この危機が私達の心のうちに誘発する聖霊の動きを、無関心はあなたに感じさせなくするのです。それは識別の機会を妨げます。無関心な人間は、神が私達に提供している新たな事柄に対して閉ざされてしまうのです。

　他者や自然界に然るべき関心を抱く。そういうあり方が欠如していることによって、神が私たちに提供している新たな事柄に対して閉ざされてしまうのだというわけです。「聖霊」などと言うと、キリスト教徒でない人は受け入れにくい言い方かもしれませんが、私たちがなにか心の中に深い促しを感じる。その促しに基づいて、自分の人生で何かをせざるをえないと感じる。その何かがたとえ骨の折れることであったとしても、長い目で見ると、そうした経験が大きな満足を与えてくれるようなものになることがあるわけです。

多くの人がそういうあり方を見失ってしまっている、格差と断絶の中で自己閉鎖的な在り方に陥ってしまっている、そうした状況のなかで、コロナという危機が、この「無関心のパンデミック」というあり方から解放される格好の機会を与えてくれているのではないか。そこに耳を澄ませてみようと言うわけですね。最後にもう一つ、この本の重要な部分を引用してみます。

> 私達が今回身をもって経験したように、いかなるメディアも、愛する人々とのそして現実との直接的なふれあいに対する人間精神の欲求を満たすことはできないのです。そして、他の人々の経験の複雑さと直接的に関わることの代わりになりうるものは何もないのです。コミュニケーションは、つながりをはるかに超えたものであり、信頼の絆がある場合に最も実り豊かなのです。その信頼の絆とは、親しい交わりであり、兄弟愛であり、身体を伴って現存することです。
>
> ソーシャル・ディスタンスは、パンデミックに対する必要な応答ですが、これが続

くと、私達の人間性を侵食せざるをえません。私達は、単につながるためではなく、触れ合うために生まれてきたのです。

　このテクストは、いま、我々が直面している危機とはなんであるのか。とりわけコロナで強まったその危機というのはなんであるかということを浮き彫りにしていると思うんですね。それはひと言で言うと「触れ合い」、まさにZoomでしかやりとりができないようなこのありさまです。「身体を伴って現存すること」、physical presenceというものが欠如していること。

『ラウダート・シ』において「神秘」という言葉で言われていたような真の触れ合い、つまり他者との、自然界との、この世界の根源との、ひいては自己自身との生き生きとした触れ合いが欠如してしまっていて、それゆえに虚しさを覚えていること。それが現在の危機であり、コロナウイルス感染症の問題で強まってあらためて顕在化したわけです。

　ただ、そこで心を揺り動かされることは、他者との、自然界との、自己自身との真のつながりを回復するための格好の機会にもなりうるのだと、まさに画期たりうる場所に我々は置かれているということを教皇は、イグナチオ・ロヨラ、ボナヴェントゥラ、アッシジの聖フランシスコといったキリスト教の伝統的な神学者や神秘家を呼び出すことによって我々に語りかけている。そして、そこには、他のより実践的な書物などにはなかなか見出されないようなたぐいの洞察が豊かに含まれている。「神学」という多くの人にとっては縁遠いものに今の状況で触れてみる意味合いも見いだされるのではないかと思います。

根源的なものとつながる生き方

若松　神秘家、あるいは神秘神学というと何か抽象的な、あるいは空想的なイメージすら抱く人がいるかもしれませんが、それは貧しい現代のスピリチャリズムと伝統的な神秘神学を混同しているのだと思います。神秘家は、神秘を語ることに終始する人ではなく、神秘を生きる人です。神秘家の本性を端的に言い当てている言葉としていつも想い起すのは、カトリックの哲学者である吉満義彦[9]の言葉です。

　されば最深の神秘的人間はまた最深の行動的人間である。（「神秘主義の形而上学」『吉満義彦全集』第四巻、講談社）

真に神秘を生きる者は、実践家であることを同時に宿命づけられているというのです。さきに山本さんが名前を挙げた人々は皆そうです。聖フランシスコは、十字軍の戦争のとき、ムスリムにさえ、イエスの言葉を届けようとしたと伝えられています。

それと先にもふれましたが、やはり「善きサマリア人」の話を始め、イエスが自らの愛を語るとき、自分の弟子ではない人々、すなわち非キリスト者を通じて語る意味です。それは、とても創造的にキリスト教とは何かという根幹にふれる問題です。キリスト教とは何かを原点に立ち戻って考えさせられると思うんです。洗礼を受けた人がキリストの弟子なのではなくて、本当に愛を行う人こそがキリストの弟子だということを問い直してくれる。これも神学というのが閉じた世界の出来事ではないことをはっきり考え直させてくれると言えるのではないでしょうか。

山本　本当にその通りで、引用はしませんでしたが、教皇フランシスコ自身、最初に通り過ぎた二人が、両方とも祭司とレビ人という神に仕える人だった点が非常に重要だと言うわけです。一見神に仕えているように見える人が本当に神に仕えているとは限らない。そうでないような人こそ神に本当に仕えていることはある、という言い方で、狭い意味でのキリスト教という枠を超えて、根源的なものとつながる生き方を説き直している。そういう意味での兄弟愛と社会的友愛の回勅なのだと思います。
若松　時代が大きく変わってきていて、私たちはその大いなる変化の目撃者なんだということを改めて思いますね。

今も私たちは見えない危機に向かっている

若松　神学的展望を持つ人にとって、危機はある意味で恒常的だとさえいえるのかもしれない、と山本さんの話を聞きながら思いました。たしかにバルトにとっての「危機」は常態であることがその本質でした。それは死に直面しながら生きざるを得ないという私たちの実存にかかわることです。
　ある人にとって危機は今、ここに常にある事象であり、別な人にとって危機は突然襲うもののように感じられる。別ないい方をすれば、神学的な眼を持った人には「潜在的な危機」も現実だが、ある人にとっては「顕在的な危機」にならなければ現実ではない、ということになる。だから私たちが考えなければならないのは、今も私たちはすでに新しい危機に向かって歩んでいるということです。私たちが実感していない新しい危機に向かっている。コロナという危機が終わればいいというのではないわけです。

これまで幾度かふれてきた教皇フランシスコの『パンデミック後の選択』に顕在的な危機の意味をめぐってとても印象的な言葉があるのです。「嵐」が危機のことです。彼は「嵐はわたしたちの弱さを露わにし、偽りの薄っぺらな信頼を暴きます」と述べたあと、こう続けます。

そうした信頼のもとに、わたしたちは日常の予定、計画、習慣、優先事項を決めているのです。眠り込んでしまったこと、自分のいのちと共同体をはぐくみ、支え、強めてくれるものを忘れてしまっていたこと、嵐はそれを見せつけます。

常なる危機を見過ごしている状態を教皇は「眠り込んでしまっ」ているというのです。大変辛辣な言葉ですが、ここまで考えてくるとそれが事実のように思います。私たちはもう、大きな嵐を十分に経験しました。これからは「忘れてしまっていたこと」を一つ一つ想い出していくことが急務なのではないかと思います。そして、そうした営みにおいて、神学が照らし出す光は、従来の思想とは異なる角度から私たちが進むべき道を照らし出してくれるのではないでしょうか。

注

（1）**波多野精一**（一八七七―一九五〇）宗教哲学者。教え子に田中美知太郎、三木清などがいる。主著に『時と永遠』など。

（2）**有島武郎**（一八七八―一九二三）小説家。札幌農学校に進学してキリスト教に入信。後に武者小路実篤、志賀直哉らと同人「白樺」に参加。著作に『小さき者へ』『クララの出家』『生れ出づる悩み』『或る女』など。

（3）**阿部次郎**（一八八三―一九五九）哲学者、美学者。夏目漱石の批評で評価を受ける。主著に大正昭和期の学生のバイブルだった『三太郎の日記』、訳書にゲーテ『ファウスト』など。

（4）**ボナヴェントゥラ**（一二二一頃―七四）フランシスコ会の神学者。アッシジの聖フランシスコの伝記も書いている。

（5）**ガリグ・ラグランジュ**（一八七七―一九六四）フランスの神学者、哲学者。主著に『神、その存在と本性』『啓示について』など。

（6）**須賀敦子**（一九二九―九八）作家、随筆家、イタリア文学者。著書に『コルシア書店の仲間たち』『ヴェネツィアの宿』『ミラノ　霧の風景』『ユルスナールの靴』など。訳書にアントニオ・タブッキ『インド夜想曲』、ナタリア・ギンズブルグ『ある家族の会話』など多数。

（7）**イグナチオ・デ・ロヨラ**（一四九一―一五五六）イエズス会の創立者。スペインのバスク出身。プロテスタントの宗教改革に対抗してカトリックの失地回復と異邦人への伝道に尽力した。黙想の教本『霊操』を記す。

（8）**井上洋治**（一九二七―二〇一四）カトリック司祭。東京大学文学部哲学科卒業後、遠藤周作らとともに渡仏。カルメル会修道院に入会。日本人の心情でイエスの教えを捉えようとする「風の家」を主宰。著書に『日本とイエスの顔』『余白の旅　思索のあと』『まことの自分を生きる』など。

（9）**吉満義彦**（一九〇四－四五）カトリックの哲学者。東京大学文学部倫理学科卒業。フランスでジャック・マリタンに師事。著書に『詩と愛と実存』『吉満義彦全集』。

おわりに

若松英輔

本書を仕上げる詰めの段階にあったとき、椎間板のヘルニアになりました。ヘルニアは耐え難い痛みに苛《さいな》まれます。そして、いつ終わるか分からない痛みに恐怖を感じ、身体だけでなく、精神も疲弊していく。

このとき私に残されていたのは、ロザリオを片手に祈ることだけでした。祈りといっても、ほとんどうめきに近いようなものです。決まった言葉を最後まで唱えることができないこともしばしばでした。痛みを鎮めてほしいと祈るのではないのです。恐怖に飲み込まれず、自暴自棄にならないために、自分を自分につなぎとめておかねばならない。

今回の病で経験したのは、祈りは、神とつながることであるだけでなく、神の力を借りて自分とつながることでもある、という事実でした。そして、このことこそが私にとっての根本的な神学経験になったのです。神学とは、単に思考されるだけでなく、人間によって生きられることによって、はじめて結実する。この痛みの経験を通じて、「知る」対象としての神学ではなく、文字通りの「生ける神学」になっていった。

そのことが明らかになると、神学者の言葉もまるで違って見えてきます。そこには考えられた軌跡だけでなく、生きられた歴史もまた、見えない文字によって刻まれているのです。神学は、机上の論理ではありません。むしろ、現代社会に蔓延するさまざまな喫緊の課題に強く働きかけるちからを有している。教皇フランシスコは『回勅　ラウダート・シ』で、失われつつある「働く意味」をめぐって次のように述べています。

> わたしたちは、「人間は、全経済・社会生活の作り手、中心、目的」であると確信しています。それにもかかわらず、ひとたび観想と畏敬の能力が人間から失われると、働くことの意味がゆがめられやすくなります。わたしたちは、自分たちが「境遇を改善し、道徳的成長を推し進め、霊的資質を発展させる能力」を有しているということを思い起こす必要があります。働くこととは、そうした豊かな人格的成長の舞台、すなわち、創造性、未来のための計画、才能の開発、価値の実現、他者にかかわっていくこと、神に栄光を帰すこと、こうした多くの生の局面が共演する舞台であるべきです。

教皇にとって「働く」とは、自らの「道徳的成長を推し進め、霊的資質を発展させる能力」を開花させることにほかなりません。しかし、今日の日本では、「道徳的成長」も

「霊的資質を発展させる能力」も顧みないようなことが平然と行われている。それは、人間を「人材」として捉えることです。
「人材」とは、人のかたちをした「材料」のことです。それは人間を量的存在として捉えることでもある。「人材」にはいつも代わりがいます。今日、「人材」という言葉は、教育の現場にまで浸透しています。多くの人はその言葉を用いることに何の抵抗もないのです。「優れた人材」といっても優秀さの基準は、すぐに変わります。その規格にもれた「人材」は不要とされる。

　教皇がいうように人間の本性は「いのち」そのものなのです。人は、徹底的に質的存在です。けっして「人材」になり得ないこと、代わりが存在しないことこそ、私たちの本質なのです。「いのち」という概念ではなく、「いのち」である人間を再発見すること、こうした場所でも神学は、重要なはたらきをなし得ると強く思いました。

　最後に対話の相手をつとめてくれた山本芳久さん、本書のもとになった対談を三度にわたって掲載してくれた『文學界』編集長丹羽健介さんと編集部の皆さん、そして本書の編集を担当してくれた鳥嶋七実さんに、心からの謝意を送りたいと思います。

二〇二一年十一月十四日

参考文献

第一章

教皇フランシスコ『パンデミック後の選択』カトリック中央協議会事務局訳、カトリック中央協議会、二〇二〇年

サン＝テグジュペリ『星の王子さま』河野万里子訳、新潮文庫、二〇〇六年

ロマーノ・グァルディーニ『神学研究からの祈り』平沢忠雄訳、中央出版社、一九八三年

教皇ベネディクト十六世『回勅　神は愛』カトリック中央協議会司教協議会秘書室研究企画訳、カトリック中央協議会、二〇〇六年

教皇フランシスコ、ドミニック・ヴォルトン『橋をつくるために　現代世界の諸問題をめぐる対話』戸口民也訳、新教出版社、二〇一九年

第二章

ロドニー・スターク『キリスト教とローマ帝国』穐田信子訳、新教出版社、二〇一四年

キュプリアヌス「死を免れないことについて」（吉田聖訳、上智大学中世思想研究所編『中世思想原典集成4　初期ラテン教父』所収、平凡社、一九九九年）

エウセビオス『教会史』秦剛平訳、講談社学術文庫、二〇一〇年

マザー・テレサ著、ブライアン・コロディエチュック編『あわれみへの招き　愛する心、仕える手』原田葉子訳、女子パウロ会、二〇二〇年

『論語』金谷治訳注、岩波文庫、一九九九年

プラトン『国家』藤沢令夫訳、岩波文庫、一九七九年

吉川幸次郎『論語について』講談社学術文庫、一九七六年

ジョン・パイパー『コロナウイルスとキリスト』渡部謙一訳、いのちのことば社、二〇二〇年

ジョン・レノックス『コロナウイルス禍の世界で、神はどこにいるのか』山形優子フットマン訳、森島泰則監訳、いのちのことば社、二〇二〇年

N・T・ライト『神とパンデミック　コロナウイルスとその影響についての考察』鎌野直人訳、あめんどう、二〇二〇年

アリストテレス『魂について』中畑正志訳、京都大学学術出版会、二〇〇一年

トマス・アクイナス原著、ヨゼフ・ピーパー編著『言葉の鎖　トマス・アクイナス』フリードリヒ・ビールブセ訳、エンデルレ書店、一九六〇年

井筒俊彦『意識と本質』岩波文庫、一九九一年

上田辰之助『聖トマス経済学』（『上田辰之助著作集』第一巻）みすず書房、一九九一年

トマス・アクィナス『神学大全』第16冊、稲垣良典訳、創文社、一九八七年

アリストテレス『ニコマコス倫理学』朴一功訳、京都大学学術出版会、二〇〇二年

トマス・アクィナス『神秘と学知――『ボエティウス「三位一体論」に寄せて』翻訳と研究』長倉久子訳註、創文社、一九九六年

フリードリッヒ・ニーチェ『ニーチェ全集8　悦ばしき知識』信太正三訳、ちくま学芸文庫、一九九三年

R・ヴィッサー編『ハイデッガーは語る』川原栄峰訳、理想社、一九七三年

神谷美恵子『生きがいについて』みすず書房、二〇〇四年

内村鑑三『内村鑑三信仰著作全集12』教文館、二〇〇五年

カール・バルト『バルト・セレクション1　聖書と説教』天野有編訳、新教出版社、二〇一〇年

教皇ベネディクト十六世『回勅　神は愛』前掲

第三章

アウグスティヌス『神の国』服部英次郎訳、岩波文庫、一九八二年

アウグスティヌス『告白』山田晶訳、中公文庫、二〇一四年
ハンナ・アーレント『イェルサレムのアイヒマン　悪の陳腐さについての報告』大久保和郎訳、みすず書房、一九六九年
ハンナ・アーレント『アウグスティヌスの愛の概念』千葉眞訳、みすず書房、二〇一二年
石牟礼道子『新装版　苦海浄土』講談社文庫、二〇〇四年
ダンテ・アリギエリ『神曲』原基晶訳、講談社学術文庫、二〇一四年
ジョン・バニヤン『天路歴程』池谷敏雄訳、新教出版社、一九七六年
ハンナ・アーレント著、ジェローム・コーン編『責任と判断』中山元訳、ちくま学芸文庫、二〇一六年
アウグスティヌス『三位一体論』中沢宣夫訳、東京大学出版会、一九七五年
アウグスティヌス『ソリロキア（独白）』（『アウグスティヌス著作集』第一巻（初期哲学論集1）所収、清水正照訳、教文館、一九七九年）
トマス・アクィナス『神学大全』第16冊、前掲
ハンナ・アーレント著、ジェローム・コーン編『政治の約束』高橋勇夫訳、ちくま学芸文庫、二〇〇八年
越知保夫著、若松英輔編『新版　小林秀雄　越知保夫全作品』慶應義塾大学出版会、二〇一六年
アンリ・ベルクソン『思考と動き』原章二訳、平凡社ライブラリー、二〇一三年
キルケゴール『愛のわざ』武藤一雄・芦津丈夫共訳、白水社、一九六四年
プラトン『パイドン　魂の不死について』岩田靖夫訳、岩波文庫、一九九八年
パウル・L・ランツバーク『死の経験』亀井裕・木下喬訳、紀伊國屋書店、一九七七年
ロマーノ・グァルディーニ『祈るとは…』山辺建訳、エンデルレ書店、二〇〇〇年
教皇フランシスコ『回勅　ラウダート・シ』瀬本正之・吉川まみ訳、カトリック中央協議会、二〇一六年
マックス・ピカート『沈黙の世界』佐野利勝訳、みすず書房、二〇一四年
ルドルフ・オットー『聖なるもの』久松英二訳、岩波文庫、二〇一〇年

トマス・マートン『観想とは』木鎌安雄訳、エンデルレ書店、一九九五年
アリストテレス『ニコマコス倫理学』前掲
ハンナ・アレント『人間の条件』志水速雄訳、ちくま学芸文庫、一九九四年

第四章

教皇フランシスコ『パンデミック後の選択』前掲
河合隼雄『明恵　夢を生きる』講談社＋α文庫、一九九五年
教皇フランシスコ『使徒的勧告　福音の喜び』日本カトリック新福音化委員会訳・監修、カトリック中央協議会、二〇一四年
バートランド・ラッセル『西洋哲学史』市井三郎訳、みすず書房、一九七〇年
バートランド・ラッセル『宗教は必要か』大竹勝訳、荒地出版社、一九六八年
カール・バルト『ローマ書講解』小川圭治・岩波哲男訳、平凡社ライブラリー、二〇〇一年
『瀧澤克己著作集』第二巻（カール・バルト研究）、法藏館、一九七五年
カール・バルト『教義学要綱』井上良雄訳、新教出版社、一九九三年
カール・バルト『教会教義学　神の言葉I／1』吉永正義訳、新教出版社、一九九五年
『瀧澤克己著作集』第七巻（仏教とキリスト教の根本問題）、法藏館、一九七三年
『西田幾多郎哲学論集3　自覚について　他四篇』岩波文庫、一九八九年
西田幾多郎『善の研究』岩波文庫、一九七九年
ドストエフスキー『カラマーゾフの兄弟』原卓也訳、新潮文庫、一九七八年
ホセ・オルテガ・イ・ガセット『ガリレオをめぐって』A・マタイス、佐々木孝訳、法政大学出版局、一九六九年
ガブリエル・マルセル『マルセル著作集』第五巻、松浪信三郎・掛下栄一郎訳、春秋社、一九七七年
O・F・ボルノー『実存主義克服の問題　新しい被護性』須田秀幸訳、未来社、一九六九年

第五章

教皇フランシスコ『使徒的勧告　福音の喜び』前掲

教皇フランシスコ『回勅　信仰の光』カトリック中央協議会司教協議会秘書室研究企画訳、カトリック中央協議会、二〇一四年

教皇フランシスコ『回勅　ラウダート・シ』前掲

教皇フランシスコ『教皇フランシスコ講話集1』カトリック中央協議会司教協議会秘書室研究企画訳、カトリック中央協議会、二〇一四年

鈴木大拙『仏教の大意』角川ソフィア文庫、二〇一七年

十字架の聖ヨハネ『カルメル山登攀』奥村一郎訳、ドン・ボスコ社、二〇一二年

須賀敦子『ヴェネツィアの宿』文春文庫、一九九八年

オースティン・アイヴァリー『教皇フランシスコ　キリストとともに燃えて――偉大なる改革者の人と思想』宮崎修二訳、明石書店、二〇一六年

教皇フランシスコ『使徒的勧告　愛するアマゾン』カトリック中央協議会事務局訳、カトリック中央協議会、二〇二一年

教皇フランシスコ『回勅　兄弟の皆さん』西村桃子訳、カトリック中央協議会、二〇二一年

教皇フランシスコ『教皇フランシスコ　コロナの世界を生きる』早野依子訳、ＰＨＰ研究所、二〇二一年

『吉満義彦全集』第四巻、講談社、一九八四年

本書は、「文學界」二〇二〇年八月号、二〇二一年一月号、九月号掲載の対談をもとに、二回の追加対談を経て大幅に加筆修正をしたものである。

若松英輔（わかまつ えいすけ）

1968年生まれ。批評家、随筆家、東京工業大学リベラルアーツ研究教育院教授。慶應義塾大学文学部仏文科卒業。「越知保夫とその時代　求道の文学」で三田文学新人賞受賞。『小林秀雄 美しい花』（文春文庫）で角川財団学芸賞、蓮如賞を受賞。著書に『イエス伝』（中央公論新社）、『生きる哲学』（文春新書）、『悲しみの秘義』（文春文庫）、『日本人にとってキリスト教とは何か』（NHK出版新書）など多数。

山本芳久（やまもと よしひさ）

1973年生まれ。東京大学大学院総合文化研究科教授。東京大学大学院人文社会系研究科博士課程修了。博士（文学）。専門は哲学・倫理学（西洋中世哲学・イスラーム哲学）、キリスト教学。主な著書に『トマス・アクィナス　理性と神秘』（岩波新書、サントリー学芸賞受賞）、『キリスト教講義』（若松英輔との共著、文藝春秋）、『世界は善に満ちている　トマス・アクィナス哲学講義』（新潮選書）、『キリスト教の核心をよむ』（NHK出版）がある。

文春新書

1343

危機《きき》の神学《しんがく》

「無関心《むかんしん》というパンデミック」を超《こ》えて

2021年12月20日　第1刷発行

著　　者	若　松　英　輔 山　本　芳　久
発 行 者	大　松　芳　男
発 行 所	株式会社 文　藝　春　秋

〒102-8008　東京都千代田区紀尾井町3-23
電話（03）3265-1211（代表）

印 刷 所	大 日 本 印 刷
製 本 所	加　藤　製　本

定価はカバーに表示してあります。
万一、落丁・乱丁の場合は小社製作部宛お送り下さい。
送料小社負担でお取替え致します。

ISBN978-4-16-661343-4

文春新書好評既刊

新共同訳　解説・佐藤　優
新約聖書I
世界で最も多くの人に読まれた書物「聖書」が新書に。自らも聖書とともに極限状況を生きぬいた佐藤優氏が、その魅力を解説する
774

新共同訳　解説・佐藤　優
新約聖書II
現在の世界の混迷を予言したかのような「ヨハネの黙示録」までを収録。人類最大の物語を佐藤優氏のナビゲートで読み解く二冊目
782

山浦玄嗣
イエスの言葉　ケセン語訳
「頼りなぐ、望みなぐ、心細い人ァ幸せだ」。岩手県気仙地方の方言・ケセン語で訳された聖書。被災地気仙地方から届いた救済の言葉
839

若松英輔
生きる哲学
作家・須賀敦子、精神科医・フランクル、哲学者・井筒俊彦。寄る辺なき時も自分の足で立ち、新たな思索を切り拓いた十四人の哲学
1001

釈　徹宗
歎異抄　救いのことば
司馬遼太郎、梅原猛ら近代的知性を惹きつけ、金言・箴言に満ちていながら、思想的には難しい『歎異抄』を平易な解説で深みまで導く
1283

文藝春秋刊